版权声明

Helen Tovey
Playing Outdoors: Spaces and Places, Risk and Challenge
ISBN-13: 978 0 335 21641 3
Copyright © Helen Tovey 2007

All rights reserved. No part of this publication may be reproduced or transmitted in any form or by any means, electronic or mechanical, including without limitation photocopying, recording, taping, or any database, information or retrieval system, without the prior written permission of the publisher.

This authorized Chinese translation edition is published by McGraw-Hill Education and China Light Industry Press Ltd. / Beijing Multi-Million New Era Culture and Media Company, Ltd. This edition is authorized for sale in the People's Republic of China only, excluding Hong Kong, Macao SAR and Taiwan.

Translation Copyright © 2022 by McGraw-Hill Education and China Light Industry Press Ltd. / Beijing Multi-Million New Era Culture and Media Company, Ltd.

版权所有。未经出版人事先书面许可，对本出版物的任何部分不得以任何方式或途径复制传播，包括但不限于复印、录制、录音，或通过任何数据库、信息或可检索的系统。

本授权中文简体字翻译版由麦格劳-希尔教育出版公司和中国轻工业出版社"万千教育"合作出版。此版本经授权仅限在中华人民共和国境内（不包括香港特别行政区、澳门特别行政区和台湾）销售。

翻译版权由麦格劳-希尔教育出版公司与中国轻工业出版社"万千教育"所有。

本书封面贴有McGraw-Hill Education公司防伪标签，无标签者不得销售。

Playing Outdoors
Spaces and Places, Risk and Challenge

幼儿园户外游戏
——支持儿童在探索与挑战中学习

［英］海伦·托维（Helen Tovey）／著

张 晖／译

时 萍 范 忆／审校

中国轻工业出版社

图书在版编目（CIP）数据

幼儿园户外游戏：支持儿童在探索与挑战中学习／（英）海伦·托维（Helen Tovey）著；张晖译. —北京：中国轻工业出版社，2022.11（2025.2重印）

ISBN 978-7-5184-4072-6

Ⅰ.①幼… Ⅱ.①海…②张… Ⅲ.①游戏课－教学研究－学前教育 Ⅳ.①G613.7

中国版本图书馆CIP数据核字（2022）第129477号

保留所有权利。非经中国轻工业出版社"万千教育"书面授权，任何人不得以任何方式（包括但不限于电子、机械、手工或其他尚未被发明或应用的技术手段）复印、拍照、扫描、录音、朗读、存储、发表本书中任何部分或本书全部内容。中国轻工业出版社"万千教育"未授权任何机构提供源自本书内容的电子文件阅览、收听或下载服务。如有此类非法行为，查实必究。

责任编辑：张天怡　　　责任终审：张乃柬
策划编辑：高　君　　　责任校对：刘志颖　　　责任监印：吴维斌

出版发行：中国轻工业出版社（北京鲁谷东街5号，邮编：100040）
印　　刷：三河市鑫金马印装有限公司
经　　销：各地新华书店
版　　次：2025年2月第1版第4次印刷
开　　本：710×1000　1/16　印张：12.25
字　　数：100千字
书　　号：ISBN 978-7-5184-4072-6　　定价：48.00元
读者热线：010-65181109
发行电话：010-85119832　　010-85119912
网　　址：http://www.chlip.com.cn　　http://www.wqedu.com
电子信箱：1012305542@qq.com
版权所有　侵权必究
如发现图书残缺请拨打读者热线联系调换
250004Y1C104ZYW

译者序　让幼儿户外游戏回归自然

决定翻译本书，是因为确实与作者产生了共鸣。虽然本书写于15年前的英国，但是它启迪我们思考当下我国幼儿园户外场地和户外游戏的现状。

回顾自己的童年，是否感受到当代的儿童正在远离大自然

本书开篇的第一句话就是，"想一想你自己的童年，你在哪里玩，做了什么。"它让我瞬间陷入自己童年的回忆中。我是20世纪60年代末在全托幼儿园里长大的孩子。幼儿园里有一棵伞一般的大树，我经常与小伙伴蹲在大树下拣拾针一样细的树叶，而且树叶散发出一种特殊的味道（现在知道是松树）。我还会爬上一个大大的滑梯再滑下来。与幼儿园的户外有关的美好记忆，仅存这些。

然而，幼年时居住的大院带给我的美好记忆则有很多。大院里有两块大大的草坪，我童年的很多快乐时光都是在这个大院的楼宇间和草坪上度过的。不管春夏秋冬还是阴晴雨雪，我常常与小伙伴在这里游戏。我们用泥巴做厨具玩"过家家"游戏，在地面上画好格子玩"工兵捉强盗"游戏，围着大楼的外立面玩"捉人"游戏（脚不能落地，完全靠臂力抓住窗台或墙砖的缝隙，落地就输了），在草地上互为人梯玩跳高游戏，秋天时把落叶扫在一起点火烤山芋，大雪天里找一个背阴处学习滑冰。我们会在一根水管（架设在湍急的河流上）上面走来走去（如果害怕，就骑在上面），在草地里捉各种小虫子并分辨能吃的草和花（至今还记得小草的根部甜甜的味道）。我们还会爬树挖洞捉知了，给饲养的

小鸡发出一个信号让它们跑回家吃食……这其中夹杂着赢不了小伙伴时的沮丧心情；还有与小伙伴"分分合合"的游戏规则，以及即使因衣服湿透被大人呵斥也掩盖不了的开心。

由回顾自己的童年而开启的教师参与式培训越来越多，幼儿教育工作者也越来越多地认识到人类童年早期的价值弥足珍贵，越来越期望从回顾自己的童年中获得启迪和力量，从而更好地认识婴幼儿。在培训活动中，教师们所分享的童年趣事大都是在户外和大自然中发生的，比如"野外"爬树、小溪里嬉戏、草丛中捉虫、摘野果、夜晚看星星、到处奔跑以及玩跳绳、跳房子、捉迷藏游戏等。它们令教师们至今难忘，且现在想来仍兴奋不已。

本书让我们更深切地感受到当代儿童远离大自然的危机，也让我们深刻地认识到大自然对于儿童学习与发展的重要性。幼儿园不仅是儿童成长的"温室花园"，还应是儿童成长的"野外森林之园"。

现代幼儿园的发展是否让儿童的学习中心从户外自由游戏变为室内课堂

推进学前教育普及普惠安全优质发展，以及提高幼儿园保教质量，是我国当前幼儿园教育要努力实现的目标。《中共中央 国务院关于学前教育深化改革规范发展的若干意见》指出，"坚持以游戏为基本活动，珍视幼儿游戏活动的独特价值，保护幼儿的好奇心和学习兴趣，尊重个体差异，鼓励支持幼儿通过亲近自然、直接感知、实际操作、亲身体验等方式学习探索，促进幼儿快乐健康成长。"其中，"亲近自然"是对《3—6岁儿童学习与发展指南》中幼儿学习方式的补充，需要我们重视和实践。

然而，随着社会经济的发展和农村城市化的进程，户外自由游戏确实如书中所分析的那样面临正在减少的危机。现代化园舍为儿童提供的大片现代化户外运动场地，正在让儿童逐渐远离大自然。规范的幼儿园课程，也让儿童在户外的时间越来越少，而且户外的功能仅仅局限于锻炼身体和做操。本书启发我们从儿童全面发展的角度重新审视户外自由游戏在幼儿园教育中的地位和作用，促使我们对户外场地回归自然的重要性进行反思。尽管很多幼儿园把种植园地作为标配，但这对于把幼儿园的户外打造成大自然的状态是远远不够的。还有一些幼儿园把塑胶操场、大型滑梯和运动器械作为幼儿园硬件条件改善的导向与标志，或者像公园一样设计幼儿园的绿地，但是这样的幼儿园真的能够满足儿童亲近自然、在大自然中尽情游戏并获得发展的需求吗？正如书中所述："我们不难发现，一些幼儿园的户外环境与传统的花园已经毫无关系。幼儿园的花园一去不复返，取而代之的是柏油地面或塑胶地面，各种各样低水平、没有挑战性的塑料设施……这样的户外环境表明，在当代社会，关于儿童我们优先考虑的是什么呢？"

值得庆幸的，我们已经开始认识到户外游戏对于儿童发展的意义，安吉游戏20年的研究与探索成果已经得到其他国家幼教同行的认同。安吉幼儿园的孩子们在游戏中所表现出的冒险、挑战、探究、创造和思想正是本书作者在阐述户外游戏对儿童发展的作用时所提到的。同时，很多幼儿园也正在积极地进行户外场地改造：大片塑胶地变成草地，空旷的操场变成树林。走进幼儿园就像进入了大自然，越来越多的孩子每天都有时间在户外自由游戏。但是，要想让大片操场、塑胶场地不再成为幼儿园户外的主流场地，可能还有一段很长的路要走。

如何继承与发扬幼儿教育先驱者的理论和实践

本书对幼儿园户外游戏的历史进行了梳理，让我们更为深刻地了解福禄贝尔（Froebel）把幼儿园命名为"花园"背后的另一个重要寓意。幼儿园不仅是儿童成长的花园，更是"儿童与自然和谐相处的地方"。因此，为了让儿童在大自然中认识世界，认识自己与自然万物之间的关系和所处位置，幼儿园要为每一个孩子提供一小块地方让他们自己动手耕种，这也是现在幼儿园种植园地的由来。蒙台梭利（Montessori）虽然与福禄贝尔一样也为儿童提供了花园，方便他们自由地进出室内外游戏；但是蒙台梭利并不相信自然材料的教育价值，担心给儿童带来幻想，因此培养出的儿童往往缺乏创造力，是"标准化的儿童"。这是福禄贝尔和蒙台梭利教学法的根本不同之处。它启示我们，"需要更具批判性地审视他们的观点，并在当代背景下重新诠释它们。"

本书指出："思想和实践并不是每一代人独立发明出来的，而是在传承中逐渐演变而来的，演变过程中有的遗失了，有的得到了重视，有的被埋没了却在后来被重新发现并被赋予新的意义，成为新的推动力。"它为我们阅读、学习幼教先驱们的思想，并思考当下实践开拓了思路。翻译完本书，我有了阅读福禄贝尔和蒙台梭利经典原著的冲动。

相信和支持儿童的户外自由游戏

本书告诉我们，对于"儿童的游戏"尤其是"自由游戏"是否需要成人的支持以及如何支持，或者"儿童的游戏"是否需要成人计划和主导，20年前的国外幼儿教育工作者和我国当前幼儿教育工作者一样，也在思考并持有各种不同的看法。

本书作者通过对"有结构的游戏""精心计划的游戏""教师主导的游戏""自由游戏"等概念从理论到实践进行思考和剖析，为我们理解这些概念尤其是理解"自由游戏"的意义另辟了蹊径。作者从儿童的需要和发展角度强有力地论证了儿童"户外自由游戏"的重要价值，同时指出，"有结构的游戏"并不是成人设计游戏结构，而是材料或者儿童头脑中原本就存在的结构——图式；"自由游戏"也需要"精心计划"，"精心计划"不是指教师主导游戏或者预先设计游戏，而是为支持儿童的"自由游戏"做好准备。她指出，"在一个精心计划好的鼓励冒险、激发好奇心、培养人际关系、支持创造力和培养想象力的户外环境中开展的自由游戏，比预先包装和计划好的被称为'游戏'而事实上只是丰富的游

戏的拙劣替代品的活动,能为儿童提供更多玩挑战性游戏的机会。"教师主导的游戏,其"危险在于,儿童'随后的自由游戏'越来越多地模仿成人的想法,不再拥有其自身的能量和动力"。书中有关户外游戏中儿童的冒险和挑战的论述有助于我们理解安吉游戏的价值,相信儿童是积极主动、有能力的学习者。

如何为儿童的户外游戏提供空间和场地支持,如何发现和理解儿童在户外自由游戏中的学习,如何支持和拓展儿童的游戏……本书针对这些问题提供了具体策略。这些策略与安吉游戏支持儿童的策略,如倾听儿童、支持并拓展儿童的经验等,有很多相同之处。

本书由张晖翻译,时萍、范忆审校。翻译的过程也是我们再一次结合自己几十年的幼儿教育研究和实践经历学习与反思的过程。我们虽然竭尽全力原汁原味地表达作者的思想和原意,但译文难免存在疏漏之处,敬请读者批评指正。

张晖

2022 年 8 月于南京

代　序

一个多世纪前，德国教育家弗里德里希·福禄贝尔（Friedrich Froebel）就强调了花园的重要性以及户外学习在教育中的重要性。因此，作为福禄贝尔的追随者，我们很有必要阐述一下今天应该如何支持和拓展儿童在户外的学习。

海伦·托维（Helen Tovey）是英国罗汉普顿大学（Roehampton University）福禄贝尔学院的高级讲师。她撰写了本书，在书中总结了户外学习的重要性及意义。一线的幼儿教育工作者，对当前人们仍然过于强调室内学习非常担忧。尽管政府在法律上规定必须为儿童提供丰富的户外学习机会，但现实情况并没有得到很好的改善。

福禄贝尔的追随者们持之以恒地强调户外学习的重要性。持此理念的幼儿教育工作者一直把户外学习放在首要位置，并创设了高质量的户外学习环境。福禄贝尔的追随者之一玛格丽特·麦克米伦（Margaret McMillan）在19世纪和20世纪之交创办的由政府资助的保育学校是这方面的榜样和先驱。英国教育标准局[①]在其报告中持续地将它们评定为"杰出"，肯定了它们为儿童提供的高质量户外活动。现在，许多由政府

[①] 英文全称为 Office for Standards in Education, Children's Services and Skills，简称 Ofsted，主要职责是对英国的教育体系进行监管和评估，定期向英国议会提交报告并根据监管活动向英国教育部提出相应的完善建议；其监管范围包括公立学校、部分私立学校、儿童中心以及教师培训机构等；权威性和独立性是其最突出的两个特点。Ofsted 的评定分为4个等级，分别是杰出（Outstanding）、优良（Good）、有待改进（Requires Improvement）和不合格（Inadequate）。——译者注

资助的幼儿园正在变为儿童中心①，同时继续强调户外学习。

本书将支持和鼓励幼儿教育工作者采用丰富多样的方式为儿童提供高质量的户外学习活动。它从理论视角阐述了为什么户外学习如此重要，并从悠久的历史传统出发鼓励幼儿教育工作者开展有效且切合时宜的实践。

蒂娜·布鲁斯②教授

罗汉普顿大学

---

① 在英国，儿童中心（Children's Center）倾向于为贫困家庭提供一系列支持，包括父母课堂、产前和产后支持、暂时的儿童照顾和游戏、母乳喂养支持等。由政府资助的幼儿园则主要为2—4岁儿童提供教育支持和照顾，通常设在贫困地区。——译者注

② 蒂娜·布鲁斯（Tina Bruce），英国罗汉普顿大学早期教育专业荣誉教授，福禄贝尔学院早期教育研究中心联合创办人，福禄贝尔信托管理人，国际福禄贝尔协会执行委员会成员，也是著作颇丰的作家。——译者注

目　　录

第一章　儿童的生活 // 001

　　日益减少的户外游戏自由 // 003

　　恐惧文化 // 004

　　被过度安排的生活 // 004

　　对儿童游戏的容忍度日益降低 // 006

　　空间缺乏——儿童与城市格格不入 // 007

　　虚拟空间 // 008

　　健康 // 009

　　儿童户外游戏的场所 // 010

第二章　为什么开展户外游戏 // 015

　　有关户外游戏的基本价值观 // 016

　　丰富的游戏环境 // 023

　　富有想象力的转换 // 024

　　冒险游戏的机会 // 026

　　快乐、眩晕和玩弄 // 027

　　打闹游戏 // 030

　　儿童同伴文化形成的背景 // 031

　　儿童与自然界互动，并开始理解自己在其中的位置 // 032

　　户外运动游戏对儿童的学习至关重要 // 039

　　在户外可以体验所有的学习领域 // 043

　　小结：为什么开展户外游戏 // 045

第三章　户外游戏的历史 // 047

弗里德里希·福禄贝尔（1782—1852）// 049

玛丽亚·蒙台梭利（1869—1952）// 051

玛格丽特·麦克米伦（1860—1931）// 053

苏珊·艾萨克斯（1885—1948）// 056

玛乔丽·艾伦（赫特伍德的艾伦夫人，1897—1976）// 059

传统的精髓是什么 // 061

这些丰富的遗产怎样了 // 062

第四章　户外游戏的空间与地方 // 065

为儿童设计户外空间 // 066

倾听儿童 // 069

为什么是空间与地方 // 070

户外环境中看似无关紧要的特征 // 071

是什么造就良好的游戏空间 // 073

特定的空间 // 074

相连的空间 // 075

高出地面的空间 // 077

野外空间 // 078

探索和研究的空间 // 080

神秘的、具有魅力的空间 // 083

自然空间 // 084

体验大自然变化过程的空间 // 088

放飞想象的空间 // 089

运动的空间 // 094

安静的空间 // 096

社交和建立亲密关系的空间 // 096

动态空间 // 098

户外空间设计如何影响儿童的使用 // 099

第五章　花园还是森林 // 101

在成人的视线之外游戏 // 102

放飞想象 // 103

变化 // 105

尊重自然，尊重危险，尊重儿童 // 105

生火 // 106

是怀旧情结和不合时宜吗 // 108

"学习什么"与"通过什么学习" // 109

抗逆力和策应力 // 109

有证据支持吗 // 110

来自挪威自然幼儿园的证据 // 111

富有挑战性的游戏机会 // 113

背后的价值观至关重要 // 113

我们能从森林学校学到什么 // 116

森林幼儿园 // 118

第六章　户外游戏：冒险与挑战 // 119

眩晕游戏 // 121

什么是冒险游戏 // 122

什么是风险 // 123

必要的安全，还是尽可能的安全 // 125

为什么玩冒险游戏 // 127

户外游戏危险吗 // 132

相信儿童 // 133

要种刺荨麻吗 // 134

这在实践中意味着什么 // 136

对实践的启示 // 137

第七章　户外自由游戏 // 139

　　有结构的游戏 // 142

　　教师主导的游戏 // 143

　　有控制的游戏 // 144

　　精心计划的游戏 // 145

　　自由游戏 // 146

第八章　户外游戏中的教师角色、资源和关系 // 151

　　时间 // 153

　　为游戏准备资源 // 156

　　敏感的回应性关系 // 157

　　进入儿童的世界 // 164

　　帮助儿童协商和维持游戏 // 167

　　支持冒险游戏 // 168

　　进行有意义的谈话和互动 // 170

　　观察、支持和拓展游戏 // 177

　　小结 // 177

参考文献 // 180

第一章

儿童的生活

想一想你自己的童年，你在哪里玩，做了什么？如果你现在是30多岁，那么你的童年户外时光很有可能是在花园、马路、小巷、树林、田野、果园、废墟、荒地和"秘密的地方"度过的。你可能玩得全身上下都很脏，也可能爬树、寻找蝌蚪或者在灌木丛中建造洞穴。所有这些，都是你与大自然的亲密接触。英国伊甸园项目[①]的创始人蒂姆·斯米特追忆了自己的童年：

我的童年充满了丰富的气味、声音、触感以及因恐惧而产生的一丝丝颤抖——这其中大部分是我自己制造的。尽管非常害怕，但我还是大胆地爬上了树。无论走到哪里我都会捡起石头，闻一闻潮湿的泥土味和碎蕨菜的柠檬味。我因发现了无脚蜥蜴和蟾蜍而兴奋不已。此外，我还挖池塘、比赛划船、抓刺鱼或者从自行车和树上掉下来擦伤膝盖……我经常脱掉鞋子，因为我喜欢赤脚感受短短的草带来的痒痒感、长长的草发出的沙沙声、硬沙子的粗糙感和干沙子带来的抚摸感。但是，最令我难忘的是泥巴！当湿乎乎的泥巴从脚趾缝中穿过时，那种感觉真的很棒！等泥巴变干，从脚趾上剥落时，又完全是另一种感觉。（转引自Rich et al.，2005，p. 6）

对今天的许多儿童来说，他们很少有机会体验这种快乐的、多感官

---

① 伊甸园项目（Eden Project）位于英国西南部的康沃尔郡，是在一个废弃的矿坑里建造的世界最大的温室公园，汇集了几乎全球所有的植物。1990年，一场暴风雨袭击了康沃尔郡，导致当地很多作为文化遗产的庭院遭到严重破坏，除了历史建筑外，英国从世界各地收集的植物也面临灭绝的危机。得知这个情况后，音乐家蒂姆·斯米特（Tim Smit）和众多专家一起募集资金建造了这座温室公园，它以"人与植物共生"为主题，是具有极高科普价值和生态价值的旅游公园。——译者注

刺激的、冒险性的游戏，生活在市中心贫民区的儿童更是如此。早期教育领域的先驱者们，如玛格丽特·麦克米伦，长期以来一直为居住在肮脏、拥挤环境中的儿童以及市中心混凝土住宅区的儿童争取带花园的保育学校。贫困对儿童户外游戏经验的影响一直持续至今。在贫困中长大的儿童更有可能居住在拥挤的房间里，更有可能被公共和私人游戏空间边缘化，也更有可能接触不到花园等城市绿地；同时，更容易置身于交通危险中，因此更容易发生道路交通事故（Greater London Authority[①]，2004）。

日益减少的户外游戏自由

无论生活在城市还是农村，对儿童而言，户外游戏的自由都在迅速减少。有关儿童独自活动的研究表明，儿童在家附近可以四处走动的区域已经缩减至20世纪70年代的1/9；10岁儿童可以自由游戏的区域更小、划分得更明确，会受到父母更多的监控，只要有任何危险的迹象，他们正在玩的游戏就有可能被叫停（Hillman et al.，1990）。繁忙的交通使大多数街道成为不安全的游戏场地，而汽车虽然拓展了儿童对更远的地方的体验，但却严重限制了儿童真正熟悉身边的环境的自由。

曾经为大孩子们所钟爱的荒地减少了，这也导致了户外游戏的缺乏。30多年前，罗宾·穆尔（Robin Moore，1986）对英格兰三个截然不同的城市街区进行研究，并对儿童的游戏空间和场地进行了细致的记录。我们有必要反思，为什么在这么短的时间内，儿童所喜欢的诸如街道、栅栏、人行道、公园、空地和荒地之类的地方几乎都消失了，或者即使有，儿童也不能进去玩。

---

① 即大伦敦市政府，是英格兰大伦敦地区的最高行政机构。——译者注

恐惧文化

儿童户外游戏自由的减少,伴随着一种"恐惧文化"(Furedi, 2002),即人们对儿童安全的担心达到前所未有的程度。父母对儿童被诱拐或"陌生人危险"的焦虑与恐惧,对儿童的游戏产生了普遍的影响。对儿童父母进行的调查显示,很少有父母会让自己的孩子在没有成人监督的情况下去户外玩耍,儿童自己也担心去户外玩耍的时候被绑架或谋杀(Lindon, 1999; Gill, 2006a, b)。然而,与之相反的现实是,儿童从未像现在这样安全,绑架和谋杀儿童的事件极少,而且这一情况在过去的50年基本没有发生变化。正是对危险的恐惧导致了儿童户外游戏自由的减少,从而使他们在家庭中面临发生意外或被虐待的更大风险。

被过度安排的生活

儿童入学的年龄越来越小,加之幼儿园、儿童照护机构和课后托管机构的迅速增多,意味着儿童的生活越来越制度化。在很多课后托管机构里,儿童处于成人的密切监督之下,有组织的活动取代了自由游戏。随着课后活动的增多,如社团活动、运动或一些附加课程,儿童的空闲时间越来越多地由成人安排和组织,他们自己发起游戏的时间越来越少。此外,许多小学因担心儿童出现行为问题而缩减了儿童的游戏时间,儿童的游戏机会也因国家课程的挤压而变得很有限。詹金森将由成人设计和主导,并围绕一个聚焦性学习目标而展开的游戏称为"围绕式游戏"(wrapped around play, Jenkinson, 2001, p. 14)。波拉科(Polakow, 1992, p. 62)将这种被谨慎的成人过度管理和限制的游戏称为"有控制的游戏"。

家长面临的时间压力和对儿童安全的恐惧,导致儿童明明能够走着去幼儿园却被家长用婴儿车推着送到幼儿园,或者明明能够独自去上学却被护送去学校。七八岁的儿童中能够独自上学的人数,已经从1971年的80%下降到1990年的10%(Hillman et al., 1990)。我怀疑,这个数据到今天下降得更多。坐车去上学的儿童人数大幅增加,这使得学校周围的街道更加不安全且倍受污染。同时,儿童也失去了一些自主权,失去了学习独自走路和乘坐公共交通工具的机会,更失去了在上下学的短短路程中与同伴或父母同行、交谈和玩耍的机会。里索托和朱利亚尼(Risotto & Giuliani, 2006)的研究指出,走路上学的孩子比坐车上学的孩子有更好的空间能力,也更了解社区内人们之间的社会关系。这一研究结果表明,在当地的街道上行走影响儿童的认知能力,也有助于儿童对这个地方产生归属感。

当儿童漫步在街道上时,街道就成为一个引发他们的好奇心并促使他们进行探索发现的地方。美国著名心理学家艾莉森·高普尼克[①]认为,与一个蹒跚学步的孩子散步就像与威廉·布莱克[②]散步一样:

街道上,有一些门只能朝一个方向打开,当你以正确的方式推开时,它们就会来回摆动;有一些矮墙,你可以小心翼翼地走在上面;有一些下水道的盖子,上面有迷人的规则图案;有一些颜色鲜艳的比萨外卖传单碎片,散落在地上;还有一些有趣的陌生人,你可以躲在父母的双腿后面仔细地观察他们。这里还是一个名副其实的动物园,既有小小的潮虫和蚯蚓,又有一只令人兴奋或恐惧的狂吠不止的狗。(1999, p. 211)

坐车出行时,虽然汽车为儿童提供了新的空间,但却让儿童远离户

[①] 艾莉森·高普尼克(Alison Gopnik),美国加州大学伯克利分校心理学系教授,美国著名的儿童心理学家。——译者注

[②] 威廉·布莱克(William Blake),英国浪漫主义诗人和画家。——译者注

外世界和上述日常探险活动。当儿童坐在汽车里时,他们尽管身处"室外",但是被束缚在一个人工打造的"内部环境"中。越来越多的汽车座椅靠背提供了屏幕娱乐活动,这意味着儿童不需要创造自己的娱乐项目,甚至不需要与窗外广阔的世界互动。尽管坐车出行的目的之一是避免儿童发生交通事故,但实际上剥夺了儿童在家附近街道上玩耍的自由。家附近的街道历来是不同年龄的儿童见面和玩耍的重要社交空间,也是儿童自由出入和感到安全的空间(见图1.1)。

图1.1 两个孩子正在街区游戏

对儿童游戏的容忍度日益降低

一些证据表明,人们越来越不能容忍儿童在户外玩耍。例如,由于当地居民抱怨噪声太大,康沃尔郡的一家幼儿园被要求把儿童的户外游戏时间减少一半。在萨里郡，一家游戏中心也因为有噪声而被关闭。英国儿童协会的一项调查发现，"脾气暴躁的成人"阻止了许多儿童的游戏（The Children's Society，2003）。也许，这并不是什么新鲜事。一直以来，人们对儿童的游戏都有些容忍不下。艾奥娜·奥佩和彼得·奥佩（Iona Opie & Peter Opie）指出：

  19世纪时，人们就不断地抱怨伦敦的人行道被孩子们的毽子和棒球游戏弄得无法通行。据理查德·斯蒂尔①报道，在斯图亚特时代，伦敦皇家交易所附近到处都是不请自来的"运动员"，于是有人雇用一名干事来驱赶那些"拿着玩具和球的倒霉的男孩"……1332年，英国议会在开会期间禁止男孩和其他人在威斯敏斯特宫②附近玩耍。1385年，伦敦主教被迫对圣保罗大教堂附近的球类游戏进行抨击。（1969，p.11）

  今天与过去的不同之处在于，城市街道上的游戏已经基本消失。然而，一些小型的、不断推进的举措如"生活式街区"③（即街道被设计成可供包括儿童在内的所有使用者使用）表明，儿童正重新把当地的街道作为玩耍的地方。

空间缺乏——儿童与城市格格不入

  儿童似乎越来越与他们所在的城市"格格不入"。海伦·佩恩认为，

---

① 理查德·斯蒂尔（Richard Steele），英国散文家、剧作家、报纸撰稿人和政治家。——译者注
② 威斯敏斯特宫，又称议会大厦，是英国议会所在地，坐落在泰晤士河河畔。——译者注
③ 1992年，生活式街区（Home Zones）的概念正式由英国城市发展协会提出，将其作为推进城市复兴的重要举措予以支持，旨在通过打造生活式街区，有效地增加街区公共活动空间，通过平衡街区的人车关系，形成良好的居住环境。2001年，生活式街区的概念被写入相关法律，明确街区空间是机动车和其他使用者共享的空间，其中行人和非机动车享有主导权。——译者注

"在过去的一个世纪里,城市风貌最显著的变化之一是儿童的消失……就像濒临灭绝的云雀一样"(Helen Penn,2005a,p.180)。当你在开放的城市绿地或公共场所寻找独自玩耍的儿童身影时,你会发现这种说法并非危言。根据我的经验,享受这些空间的小狗及其主人比儿童要多得多。无人陪伴的儿童在外面玩耍会引起他人的猜疑,被视为潜在的滋扰甚至"罪犯"。那些希望孩子自由玩耍的父母,会被认为是不负责任的、没有给予孩子适宜照顾的家长。

虚 拟 空 间

讽刺的是,可供儿童探索的"真实空间"缩小了,但"虚拟空间"是无限的。电视和电子游戏的迅速发展,为儿童提供了户外游戏之外的另一种诱人选择,儿童无须离开座位就可以进入动态的、令人兴奋的幻想世界。真实世界带给儿童的兴奋、激动和冒险体验被电子产品取代。然而,真实世界和电子世界截然不同。电子世界是二维的,只能提供有限的感官信息,而且通常是孤独的和让儿童久坐不动的。它为儿童提供了一种令人兴奋的逃离现实生活的方式,但并不能代替真实的生活。当然,日益先进和复杂的科学技术已经成为所有儿童生活的一部分,并带来了巨大的好处。但问题在于,随着社会的快速变革,我们必须反思儿童早期过度使用电子娱乐产品的适宜性。儿童正在快速成长,他们需要的是多样化的体验而不是范围有限的体验。屏幕时间会占用儿童与他人、与事物积极互动的时间,过度的屏幕时间会影响儿童的学习、健康和幸福。

在人类400万年的历史中,我们第一次"有效地"把儿童拴在室内,而此时此刻他们的身体和心灵原本已经准备好开始认识家外面的世界了。(Gill,2004)

健　　康

近20年来，肥胖儿童的数量急剧增加。2006年，英国卫生部的统计数据表明，有近30%的2—10岁儿童被诊断为超重或肥胖。与来自富裕家庭或住在郊区、农村地区的儿童相比，来自贫困家庭或住在市中心贫民区的儿童更容易患肥胖症。苏格兰的研究表明，如今3岁儿童的体重比25年前的同龄人重了很多，缺乏户外游戏场地的2岁儿童与办公室的上班族一样不爱活动（Reilly et al., 2003）。长此以往的活动惰性和体重超标，使得儿童在长大后也很有可能超重。超重和肥胖会导致慢性疾病和健康问题，如2型糖尿病和潜在的心血管疾病；也会造成心理和社交方面的问题，比如缺乏自尊、自信，在选择交友时受到社会歧视。

尽管造成超重和肥胖的原因非常复杂，但毫无疑问的是，缺乏自发性户外游戏机会的环境是导致儿童肥胖的重要因素。事实上，国际肥胖工作组（International Obesity Task Force，IOTF）在欧洲发布了一份报告，敦促各国政府放弃无效的"健康教育"，把重点放在当前的"有毒环境"上，包括缺乏户外玩耍空间。他们认为，"儿童应该像前几代人那样享有在安全的环境中玩耍和锻炼的自由"（2002, p. 28）。

儿童的肥胖水平和超重儿童数量的不断上升，使得人们越来越恐慌。因此，我们应该扩大儿童户外游戏的范围和机会，让儿童可以玩自我激励的、具有挑战性的户外游戏，而不是引入室内说教式的"锻炼课"或安装健身自行车。向幼儿园和小学兜售这些设备的公司主管说，"市中心贫民区的学校可以使用这些设备来弥补户外空间的不足"（Bloom, 2006）。然而，我们很难想象一辆固定的健身自行车能够取代户外运动。运动是儿童生命的一部分，激励着儿童去运动的是游戏和探索而非"保持健康"。给蹒跚学步的孩子安装跑步机不是解决问题的办法。正如一位研究儿童肥胖的权威人士在《英国医学杂志》（*British*

Medical Journal）上发表的文章中所言,"自发游戏的机会可能是幼儿在增加身体活动方面的唯一需求"(Dietz,2001)。

户外游戏影响人们的身体和心理健康。英国心理健康基金会的报告（Mental Health Foundation,1999）指出,缺乏户外游戏的机会将导致儿童及其家人的心理健康问题,特别是在他们本身已经承受一些压力的情况下。比如,城市的社会福利性住房[①]可能加剧这个问题,因为住在高层公寓的儿童不容易接触到户外空间。再比如,当一个活泼的学步儿与一位心情抑郁、社交孤立的母亲在一起时,这对母亲和孩子来说都是有害的。在户外游戏时,儿童可以发展友谊,减少社交孤立,获得自主意识和控制感,而这些都是身心健康的重要特征。

儿童户外游戏的场所

尽管可供儿童进行户外游戏的公共空间减少了,但在购物中心、休闲中心、主题公园以及酒吧和餐馆的花园中,由私人和商业运营的游乐空间却急剧增加。这些场所通常在室内为儿童提供"安全"的环境和"软游戏"材料。它们往往以商业为中心,提供标准化的、成人化的游戏。这类游戏可能很有趣、很好玩,但不能代替丰富的、可持续的自由游戏。而且,显而易见,这类游戏场所不太可能为贫困儿童所使用。据估计,在英格兰,此类游戏场所的比例约为29%,而在内伦敦[②]增至54%（Greater London Authority,2004）。

[①] 社会福利性住房（social housing）,是指英国地方政府出于对社会稳定的考虑,给低收入人士提供的福利性住房。英国地方政府在市中心建造了各种高层公寓楼,以安置大量贫民。——译者注

[②] 伦敦市由伦敦城、内伦敦和外伦敦构成,伦敦城外的12个市区为内伦敦,其他20个市区为外伦敦。——译者注

幼儿园和学校

鉴于安全、自由、便于儿童使用的户外游戏空间的减少，一些机构（如学校、幼儿园、日托中心、课后托管机构）在为儿童提供可与朋友定期玩耍的户外空间方面显得日益重要。然而，虽然一些机构为儿童提供了令人兴奋的、玩户外挑战性游戏的机会，但是户外游戏的供给质量参差不齐。

在撰写本书时，与欧洲其他国家相比，英国还没有出台关于幼儿园户外空间的国家标准。因此，有的幼儿园即使没有户外场地也可以开办，也就不足为奇了。有些讽刺的是，某些地方政府规定必须为汽车提供停车位，但却没有要求为儿童提供游戏的空间；其结果是在稀缺的场地资源的争夺中，汽车优先于儿童。同样具有讽刺意味的是，法律要求必须为自由放养的鸡全年提供至少4平方米的草地，但却能接受一些年幼的孩子在一天或一年中的大部分时间里都被关在室内，看不到天空或哪怕一棵小草。值得注意的是，英国是欧洲国家中对人均室内面积要求最低的国家之一。2005年，英国2岁以下儿童的人均室内面积为3.5平方米，3—5岁儿童的人均室内面积为2.3平方米（Cohen，2005）。这表明，无论是在室内还是室外，对儿童成长至关重要的运动和活动空间都严重受限。虽然国家标准并不总是改善幼儿户外游戏空间的最好方法，但是相关法律法规的缺失反映了政府对户外游戏价值的态度。

我曾经参观过一所完全没有户外活动空间的幼儿园，该幼儿园孩子的运动游戏被安排在没有自然光线和新鲜空气的地下室进行。这些孩子每天要在这里待上9小时。不过，有的幼儿园即使拥有户外活动空间，其质量也令人担忧，比如，地面平坦没有变化，像笼子一样被围起来，表面覆盖着橡胶，散落着少量的塑料玩具，没有感官刺激、探索和冒险，与幼儿的学习和发展没有任何关系。

对小学预备班①的 4 岁儿童来说，户外游戏同样存在问题。受教师培训协会②委托，研究人员对英格兰的小学预备班进行了一个大型研究并发现，它们在适宜的户外学习环境供给方面差别很大，一些小学预备班的儿童只有一个光秃秃的混凝土操场可以使用（Adams et al.，2004）。室内外之间的自由活动也经常受到限制和削弱。对威尔士小学预备班的研究（Maynard & Waters，2006）表明，教师对开展户外活动背后的基本原理往往认识不明、含混不清。他们虽然提到了"自由"一词，但是在实践中，他们组织户外活动根本不是为了让儿童自由游戏，而是为了完成一系列目标导向的任务或进行集体教学。例如在一个预备班，教师把一块垫子拿到户外，让所有孩子坐在上面完成一项分类任务。这样一来，户外区域原本能够提供的很多游戏机会就被错过了。在这项研究中，教师们也提到自己面临诸多困难，例如游戏区的使用、设备的存放以及人员的配备和监督等。这表明，更广泛的结构性问题阻碍了儿童户外游戏的发展。

1989 年，英国教育和科学部③调查了小学预备班的户外活动供给质量并得出结论："4 岁儿童极少有机会进行户外活动。"该报告认为，部分原因归咎于资源上的困境，但更重要的原因是，"大多数情况下，人们没有充分地理解户外游戏的价值及益处。"

这似乎是问题的症结所在。尽管近年来随着《基础阶段课程指南》（Curriculum Guidance for the Foundation Stage，2000）的出台，户外游戏得到了越来越多的关注，但仍有证据表明，"户外游戏的目的和价值没有得到充分的认识。"然而，与之相矛盾的是，为儿童提供具有挑战性的户外游戏一直是幼儿教育传统的显著特征，也是幼儿教育先驱者

---

① 小学预备班（reception class），又叫学前班，在英国 4 岁的孩子会进入小学预备班就读，5 岁上小学。——译者注
② 英文全称为 Association of Teachers and Lectures。——译者注
③ 英文全称为 Department for Education and Science。——译者注

们所倡导的理念。弗里德里希·福禄贝尔、玛丽亚·蒙台梭利（Maria Montessori）、玛格丽特·麦克米伦、鲁道夫·斯坦纳（Rudolph Steiner）和苏珊·艾萨克斯（Susan Isaacs）等人，都倡导户外游戏对儿童的学习与发展至关重要（见图1.2）。

图 1.2　儿童在户外用玩具玩水探究水的特性

当今，儿童独立活动机会的减少、对儿童安全的担忧以及儿童生活的日益有组织化等，都促使人们越来越关注童年的本质。波拉科（1992）在多年前就警告过人们，儿童正在体验日益"被控制的童年"。帕尔默（Falmer，2006）认为，缺乏户外游戏机会是造成"有毒的童年"的一个因素。英国儿童协会正在收集证据，以表明"什么会造就美好的童年"。我认为，经常玩具有挑战性的户外游戏是美好童年的一个重要组成部分，也是儿童的一项基本权利。这是一个涉及政策制定者、规划师、景观设计师以及幼儿教育工作者的问题，而任何改变发生的前提和基础是必须认识到户外游戏的目的与价值（我们将在第二章进行详细讨论）。

我们所创造的景观有力地证明了作为一种文化，我们是如何对待自然世界的。当我们把整个游戏场地都铺上沥青，用铁栅栏把它围起来，且地面上充斥着塑料玩具和有组织的体育活动时，这样的游戏场地向孩子们传达了什么？（Herrington，2005a，p. 216）

第二章

为什么开展户外游戏

有关户外游戏的基本价值观

为什么说户外游戏很重要?以往,人们的注意力常常集中在"如何开展户外游戏"上面,而没有解决更本质的问题——"为什么开展户外游戏"。然而,如果不对这一本质问题做出回答,幼儿园的户外游戏就会缺乏一以贯之的理论依据,也会折射出教师对儿童及其游戏和学习缺乏批判性的假设。每所幼儿园的户外游戏背后都有自己的价值观。接下来,让我们思考以下三所幼儿园的户外游戏背后截然不同的价值观。这三所幼儿园都接收3—4岁儿童。

幼儿园1

上午11点,通向户外的门打开了,所有儿童都必须去户外活动。20分钟内,大多数孩子围着院子骑自行车,灵巧地避免撞到彼此。尽管院子里充满了喧哗之声,但孩子们之间很少进行互动。有一位教师在院子里监督,试图激发某些儿童骑车的兴趣。然而,他的努力是徒劳的。与此同时,教室内的教师正在清理收拾、摆放餐桌和制作咖啡。上午11点20分,教师要求孩子们把自行车停好,然后排队准备进入教室。这一环节花费了大量时间,因为一些孩子不愿意放弃骑自行车,他们刚刚成功地骑过了一个弯道。上午11点30分,通往教室的门准时打开,教师要求这些倔强、爱争辩的孩子进入室内听故事。

幼儿园2

今天天气晴朗,户外区域已经摆满了从室内搬出来的桌子和设施。

一群孩子坐在桌旁画画和玩色彩匹配游戏。粗蜡笔在阳光的照射下开始融化，这引发了他们的兴趣。另一群孩子坐在垫子上，和一位教师一起对图形进行分类。还有一群孩子更活跃些，他们把不同颜色的沙包扔到不同颜色的桶里。最后一群孩子在小木屋里玩。一个4岁的女孩告诉我："现在轮到蓝组玩了，等轮到红组时，我就可以玩了。"

幼儿园 3

通往室外的门大开着，孩子们可以自由地进出教室。一群孩子正在齐膝深的沙坑里挖水渠，当看到水从水渠里流过时，他们非常兴奋，而后决定把水渠挖得更深一些。另一群孩子正利用滑轮把水运到沙坑里。一群男孩坐在木桶里，沿着草地上的斜坡滚下来，他们正在研究如何让木桶直直地滚下去。与此同时，草地上，一出由孩子们精心策划的戏剧上演了，只见孩子们用板条箱、轮胎和木板建造了一辆吉普车，然后开着它出发去"狩猎"，寻找想象中的动物。此外，一位教师和一群孩子正在花园的一角翻挖着，全神贯注地寻找蚯蚓和昆虫。

关于户外区域的用途，以上三所幼儿园秉持不同的价值观。幼儿园1声称自己"拥有丰富的资源和刺激性的户外游戏"，但实际上户外区域只是让孩子们跑来跑去进行发泄的地方，也是一个方便儿童使用，以便教师腾出手来做其他事情的地方。在这所幼儿园里，无论是在儿童看来还是教师看来，户外游戏的地位都很低。教师们太容易采用这种以娱乐放松为目的的游戏，因为这是他们当年在学校体验过的。

幼儿园2的户外场地只在天气好的时候使用。它复制了室内的材料和活动，而没有利用户外环境的独特性。这一做法隐含了一种久坐不动的学习模式，同时儿童的工作（即儿童被要求完成的任务）和游戏（即儿童想做的事情）之间有着明显的界限。尽管这所幼儿园声称自己拥有一个迷人的花园供儿童游戏，但在实践中并没有出现儿童的自发性游戏，只有成人主导的任务。教师为了一个狭隘的学习目标操纵着儿童的游戏，他们牢牢地控制着局面。

相比之下，幼儿园3的户外游戏是基于允许儿童自主选择、挑战和冒险的价值观而开展的。在一定的范围内，儿童可以自由地决定自己的活动。该幼儿园的户外环境反映了成人对儿童的直接经验的重视，也反映了儿童可以自由地探索、创新、想象和创造的游戏模式。探索、创新、想象和创造是儿童各领域学习与发展的重中之重。儿童在户外游戏中会获得幸福、健康、身体、社会性、情感和认知的整合性发展。

那么，为什么户外游戏如此重要呢？

独特的户外环境为儿童提供了室内所没有的学习机会

第一，户外环境本质上不同于室内环境，具有自身的独特性。它为儿童提供了更广阔的空间和更大的自由度去尝试、探索和实验，而不用像在室内时那样受到约束。因此，儿童有更多的机会去"尝试"一些事物而不用担心后果如何。愿意尝试新事物是儿童的一种重要学习品质（Katz, 1995）。空间越开放、限制越少，儿童活动的可能性就会越大。室内空间处于成人的控制之下，户外空间则是儿童的领地，条条框框的规则少，可以让儿童逃离成人的监视和控制（Stephenson, 2002）。户外空间确实可以"解放"儿童的身体和心灵。

第二，在户外时，儿童可以大规模地使用与室内游戏有关的材料，这是一种完全不同的体验。比如，儿童在室内玩水时可以使用一个小型塑料水泵或水车，但在户外时他们可以玩一个大型水泵或水车，从而获得更丰富的经验，拥有更多的合作和解决问题的机会（见图2.1）。再比如，在室内时，儿童可能在画架或桌子上作画；但在户外时，他们可以使用各种不同的材料在许多不同的物体表面上涂涂画画，还可以用大刷子和水涂满更大的空间，或者上上下下地涂画。这使得儿童能够自由地移动肩膀，也让他们有信心做一些大幅度的动作，而这在室内是不太可

图2.1

户外环境提供了大规模的体验活动，弥补了室内活动的不足

能实现的。从这个意义上说，户外活动弥补了室内活动的不足，儿童可以在学习中建立联系。建立联系是儿童学习的基础（Athey，1990）。

　　第三，通常在室内分开放置的游戏资源，如建构游戏材料和玩水游戏材料，在室外时更容易结合起来使用，并且随着材料的变化和更多问题的出现，会向儿童提出更大难度的挑战。材料的挑战性越大，儿童就越有可能花费数小时全身心地投入其中、解决问题（见图2.2）。比利时鲁汶大学的费雷·莱弗斯①教授指出，当儿童最投入的时候，深度学习就会发生。

图 2.2

在户外时，儿童更容易把建构游戏和玩水游戏结合到一起

---

① 费雷·莱弗斯（Ferre Laevers），比利时鲁汶大学体验式教育研究中心主任，欧洲幼儿教育研究协会的联合创始人。他曾编制量表，旨在通过对儿童的情绪评估来衡量儿童的幸福感和参与度。——译者注

第四，户外环境是一个动态的环境，总是处于变化之中——空气、温度、光线、天气、季节都在不断地变化。比如，水坑出现又消失，云朵移动变幻，花蕾绽放又枯萎，蜗牛在雨后爬出。在有雾的日子里，户外景物又呈现出完全不同的样貌。户外环境充满了不可预测性，变化无常是它的独特之处。相反，室内环境是相对静止的，它所发生的变化是有意为之的。正因为户外空间的动态性和易变性，它更具有被儿童和成人一起塑造的潜力。户外空间可以被操控，设施设备可以被移动，材料可以被做成各种造型，所有这些给予了儿童更多的控制感和自主性。这样一个可任意摆布的环境，也赋予了在生活中缺乏控制权的儿童以力量。

第五，动态的、开放的户外环境会为儿童的活动和行动提供多种可能性，但相对于较封闭的室内，户外环境可能缺乏安全性和稳定性。斯蒂芬森（Stephenson，2002）指出，当儿童感到不安或焦虑时，他们倾向于去室内更私密的封闭空间。然而，据她观察发现，只有当户外环境没有提供这类隔离空间时，这种情况才会发生。赫林顿（1997）指出，精心设计的户外环境可以为儿童提供一个更私密、更包容的空间或者她所说的"抱持性"空间。关于这一点，我们将在第四章进一步探讨。

第六，户外环境为儿童提供丰富的感官体验，激励他们运用整个身体去感受，比如丁香的芬芳、秋天里腐烂树叶潮湿发霉的味道、微风吹过竹子时的沙沙声、新采摘的西红柿散发出来的香味、沙子的颗粒感，以及新鲜泥巴的冰冷黏稠感等。这些只是儿童的众多户外感官体验中的一部分（见图2.3）。儿童在室内的感官体验则要受限得多，因为室内的空气、温度、声音、气味、质地都是被人为控制的。正是这种室内外感官体验上的强烈反差，促使儿童在户外时迸发出强大的能量，并获得在室内沉闷环境中所感受不到的自由。儿童通过感官和运动来学习，感官体验为儿童提供了有关周围世界的第一手经验。儿童通过摸、看、闻、听和感受来了解某个地方并做出情感上的回应。感官体验与情感之间的

图 2.3

丁香的芬芳只是众多户外感官体验中的一种

联系令我们终生难忘。

你正奔向赢得桂冠的路上,但是你会忘记阳光下那山楂树的香味或潮湿泥土中蕨菜的气味吗?(Kipling①)

---

① 约瑟夫·鲁德亚德·吉卜林(Joseph Rudyard kipling),英国作家、诗人,曾于 1907 年获得诺贝尔文学奖。——译者注

丰富的游戏环境

游戏不是静态的,而是随着时间和空间的流动不断演变的。传统的游戏理论对游戏进行了分类,如探索游戏、想象游戏、社会戏剧游戏、规则游戏等。然而,正如赖费尔和耶特曼(Reifel & Yeatman,1993)所言,这样的分类往往导致我们曲解儿童的游戏,因为有时候儿童的游戏很难被准确地归到某一类别,更有可能是从一种类别转换到另一种类别。例如,儿童一开始是探索游戏材料,接下来很快进入问题解决阶段,然后玩规则游戏,之后又回到问题解决阶段,最后开启了想象游戏。

户外环境给儿童提供了更大的空间和活动的自由,所以更能支持这类游戏,促使儿童的游戏跌宕起伏,帮助他们从同伴那里以及户外特征和道具中获得新的灵感与动力。随着情节的增加和丰富,游戏变得更加复杂、更有厚度。例如,在参观了邮局的包裹分拣处后,一群小学预备班的孩子玩打包包裹的游戏,然后让包裹沿着传送带(一个木制滑梯)滑下去,并在临时的包裹处给它们贴上邮票,之后将它们"递送"到游戏区的不同地方给不同的人。

儿童游戏的主题通常包括:旅行、度假、搬家、购物、去园艺中心、运送东西、汽车和火车相撞事故、送病人到医院、营救以及抓强盗和"坏人"等。所有这些游戏主题都涉及运动,因此不易在室内开展和维持,但却能从更开放的户外环境中获得持续开展的动力。户外的广阔空间和运动的自由让儿童变得更加积极主动,做出更多的选择,也让儿童在不受干扰的情况下尽情玩耍。

罗杰斯和埃文斯(Rogers & Evans,2006)对英格兰西南部三个小学预备班中的角色游戏进行研究并发现,户外的角色游戏通常持续的时间更长,其社会性内容和叙事性内容比室内游戏要复杂。这一点无论是在男孩的角色游戏还是女孩的角色游戏中都非常显著。他们得出了以下结论：

在户外环境中，儿童能够创设自己的游戏空间，并在材料、地点和游戏伙伴方面拥有更多的选择。这鼓励女孩在游戏中扮演更积极主动的角色，更多地参与角色游戏中的建构活动（比如建造房屋或医院的围墙）；也使得男孩的角色游戏不会对周围的伙伴造成干扰，同时减少他们与教师之间的冲突。（2006, p. 23）

尽管我们不能说户外想象游戏一定比室内想象游戏更丰富或更复杂，但是，户外环境更灵活、更开放和不确定性的特点大大提升了儿童创造、创新、想象的潜力，以及他们组合和改造户外材料的潜力。

富有想象力的转换

户外游戏为儿童作用于环境并转换环境提供了大量的机会。这样的转换包括用一个物体、一个地方或一个姿势来代表另一个事物。比如，儿童用锥形路标代表女巫的帽子，用梯子代表割草机，用灌木丛中的某个空间代表一个洞穴，用攀爬架代表一座城堡。所有这些转换都需要儿童使用表征性思维和象征性思维。维果茨基（Vygotsky, 1978）认为，这样的游戏能引发更高水平的思维，因为儿童正在象征性地使用物品。儿童转换环境的行为涉及象征性思维。

4岁的马克斯最近看到了园丁割草，于是用梯子代表割草机（见图2.4）。如果用维果茨基的理论解释，那么梯子就是一个支柱或"支点"，帮助马克斯拆分和探索割草机的含义，如把草剪短、四处移动、发出噪声等。马克斯根据自己以前关于剃须刀的经验（剃须刀也能剪短、移动、发出噪声）宣布他正在"剃草"，从而创造性地发明了一个

图 2.4 户外游戏为儿童提供了丰富的机会,让他们可以象征性地使用物品;这个男孩把梯子当作割草机"剃草"

有意义的新词。虽然他看到的是梯子,但却把它当作割草机使用。虽然梯子的外形不像割草机,但它可以让儿童做出割草的姿势。在现实生活中,事物本身的功能支配着我们可以用它做什么,比如梯子是用来攀爬的,但在游戏中恰恰相反,因为儿童的"行为源自想法而不是事物"(Vygotsky,1978,p. 70)。因比,在这个游戏中,马克斯必须同时掌握两个概念(即梯子和割草机),他所有的动作、手势、声音、语言都源于一个抽象的想法。正因为如此,维果茨基认为,游戏导向发展,因为游戏可以让儿童探索事物的含义并有助于其抽象思维的发展。

尽管儿童在室内时也能使用替代物进行游戏,但是户外环境更具开放性,可以让儿童在象征性地使用物品方面变得更加娴熟。当前,塑料食品和真实的食品在室内娃娃家很流行,但是它们几乎不需要儿童发挥想象力进行替代或者变换,比如,塑料煎蛋仍是塑料煎蛋。然而，户外环境中的一朵花、一片叶子或一块石头可以变成煎蛋或儿童想要的其他任何东西。在户外环境中，儿童决定和控制材料的象征性，而不是被动地对材料做出反应。

当儿童在户外游戏中对材料进行转换时，他们必须与同伴或者教师进行协商、达成一致意见。"你和我都知道这是一片叶子，但我们要假装它是一个煎蛋。"这种抽象层面上的思维碰撞——讨论、沟通和维持假装游戏以及协商角色和游戏情节——需要儿童进行大量的规划和协商。特拉威克-史密斯（Trawick-Smith）的研究表明，当儿童使用户外开放性材料时，他们针对游戏所做的沟通和协商（他称之为"元游戏"）的复杂性就会大大增加，因为开放性材料的功能是不确定的。他指出：

游戏中仿真道具的使用不需要儿童做出太多的解释或给出太多的理由，也不需要游戏伙伴之间达成共识。比如，购物清单或购物车的形式和功能是显而易见的，儿童不需要就它们可以代表什么进行协商。相比之下，将一根木棒想象成消防水管则会引发儿童之间的一些争论，因为木棒可以被想象成很多种象征物。（1998a，p. 245）

冒险游戏的机会

户外游戏为儿童提供了挑战机会，激励他们在学习过程中进行探索、尝试和冒险。斯蒂芬森（2002）认为，户外环境蕴含丰富的"恐怖"体验，让儿童有机会经历刺激、兴奋和处于失控边缘的感觉。自信、冒险、大胆、乐于应对未知、评估和管理风险的能力以及知道如何保障自己的安全等，是重要的学习品质，它们帮助儿童成为强大的、有能力的学习者。本书第六章将对户外冒险游戏的价值进行更深入的探讨。

快乐、眩晕和玩弄

笑声、快乐、欢呼和尖叫，是儿童游戏时的特点，使得户外充满一种欢乐的氛围。在户外时，儿童由里到外都透着欢喜。从草坡上滚下来，收集干树叶并把它们抛向空中，追逐奔跑，躲藏，在一个大木桶里跳进跳出，假装自己是一个"会飞的勺子"在追逐一个"会飞的碟子"，这些只是我最近观察到的儿童快乐游戏的一些例子。

有时，快乐是会传染的，像涟漪一样在整个小组中"荡漾"开来。比如，一群4岁的孩子决定在沙坑里玩娃娃家游戏，他们往衣服里装满了干沙子，然后挺着盖满沙子的肚子围着游戏区摇摇摆摆地走，之后在沙坑里"生下"小宝宝。当孩子们倒在沙坑里咯咯大笑时，笑声也吸引和感染了附近的老师与孩子，他们跟着一起享受这份快乐。

绕着柱子转、不停地快速旋转、倒挂在攀爬架上以及玩不倒翁滚下山坡的游戏等，都是凯洛伊丝（Caillois，2001）所指的"眩晕游戏"。当儿童自愿地暂时"动摇感知觉的可信度时，他们就会产生一种令人愉快的眩晕感"。不过，他认为，"眩晕不仅是一种身体上的感觉，还是一种心理上的现象，可发生在玩弄事物时，也可发生在渴望扰乱秩序或者撼动一种固有的存在方式时"（Kalliala，2006，p.22）。

"玩弄事物、扰乱事物的秩序或撼动一种固有的存在方式"，是儿童户外游戏的一大特点，因为在户外游戏时，成人的监督少了，儿童也随之拥有更大的自由去创造和发展自己的规则。我们可以在学步儿的搞笑行为中看到这种无厘头的游戏。例如，两个2岁的孩子把手套戴在头上哈哈大笑。然后，他们把帽子戴在手上，又一次大笑了起来。这样的幽默往往涉及不协调的形象、荒谬的言行、反差性事件和双重含义，它对儿童发展社会理解力和建立友谊非常重要。"探索如何与他人分享生活中的滑稽事件所带来的荒谬感和快乐，是走向亲密关系的重要一步。"

（Dunn，1988，p.168）

当然，幽默和无厘头的游戏并不是户外环境所独有的，在其他环境中也会发生。但是，它们通常在户外环境中更盛行，因为户外环境给予了儿童更大的自由，同时教师对儿童的嬉戏玩闹更包容和接纳。幽默和无厘头是儿童户外游戏悠久传统的一部分，也是一种街头和游乐场文化；它们一路经历不断的改变和调整，代代相传。艾奥娜·奥佩和彼得·奥佩夫妇（1969）对这一过程进行了细致的记录。许多幽默和无厘头的游戏都需要儿童动起来，如拍手、踩脚、绕圈、跳跃、行走、追逐、弹跳等。这类游戏经常挑战教师的权威，打破既定的界限，并以新颖、独创的方式将想法结合起来。例如，在下面的案例中，一群五六岁的孩子对传统游戏进行了改编并决定谁该"出局"。

儿童A：我点了点，小狗拉了一坨屎。（Ip dip doo, the dog's done a poo.）

是谁踩到了屎？（Who stepped in it？）

是你，是你，是你。（It was you.）

不是因你脏，也不是因你干净。（Not because you're dirty, not because you're clean.）

我妈妈说，你是精灵女王。（My mum says you're the fairy queen.）

所以，你必须出去。（Out you must go.）（把手指放在儿童B身上）

儿童B：我点了点，小鸡得了流感。（Ip dip doo, the chicken got the flu.）

是谁生病了？（Who is sick？）

是你，是你，是你。（It is you）

……

（Suantah，2005）

在这个案例中，儿童对一个传统游戏的节奏和韵律进行改编，以反映当前的问题，如狗屎和禽流感。虽然新的词语被引入，但押韵的规则被保留了下来。凯利拉（Kalliala，2006）指出，这样的游戏机会是避免儿童发生争吵的重要方式。如果每个儿童都同意放弃一些权利，让位于更公正的随机法则，那么冲突就可以避免，游戏就可以继续进行。

儿童不仅使用材料玩游戏，还使用创意玩游戏。正如加维（Garvey，1991，p. 70）所说，他们一旦发现事物本来是怎样的，就会刻意地去曲解它、推翻它或从不同的角度看它，觉得这样很好玩。这种对"违反事物的现有秩序"（Chukovsky，1968，p. 92）的热爱在户外游戏中表现得尤其明显，因为户外游戏时儿童拥有更多的自由和更少的成人监督。

那些表面上看起来像插科打诨和开玩笑的言行，应该得到欣赏，因为它们在儿童的生活和学习中具有深远的意义。例如，笑话和幽默，对儿童建立亲密关系与友谊非常重要（Dunn，1988）。幽默和嬉笑，有助于形成一种共享意义并对话交流的文化（Trevarthen，1995）。对节奏、韵律和重复句式的喜爱有助于儿童理解语言的结构、规则、发音和诗意（Crystal，1998）。无厘头的语言押韵游戏所带来的力量和乐趣，也可能是儿童学习读写的关键（Whitehead，1995）。英国儿童文学作家菲利普·普尔曼[①]运用充分的理由论述了"玩弄事物"的价值：

对于我们能够帮助儿童形成的有价值的态度——帮助儿童流利、有效、愉快地读写的态度，我会用"好玩"这个词来描述它。它始于童谣和无厘头的诗歌，以及拍手游戏、手指游戏、简单的歌曲和图画书等。然后，是"玩弄"世界上的一切事物，包括：声音，形状和颜色，黏土、纸、木头和金属，以及语言。"玩弄"它们，使用它们进行游戏，把它们颠来倒去，给它们涂上不同的颜色，从后面看它们，把一件东西放在另一件上面，问一些"愚蠢"的问题，把各种东西混在一起，进行

---

① 菲利普·普尔曼（Philip Pullman），当代英国杰出的作家，曾因杰出的文学成就而被授予大英帝国勋章。——译者注

荒谬的比较并发现意想不到的相似之处，摆出漂亮的图案，总是说"假如……""我想知道……""假使……将会……"。（2005）

教室内的气氛往往很严肃，当儿童表露出兴奋之情时，教师会制止他们，敦促他们平静下来。在户外时，儿童则可以尽情地玩耍。

打 闹 游 戏

尽情地玩耍包括玩"打闹游戏"。打闹游戏，是指摔跤、扭打、踢蹬、滚落、在地上打滚、追逐等（Smith，2005）。研究表明，打闹游戏开始于童年早期，在小学结束时达到顶峰，主要游戏者是男孩，不过女孩偶尔也会玩。游戏者必须能够示意"这只是游戏"（Bateson，1956），以表明他们的行为是在模拟战斗，而不是真的在战斗。这种游戏示意包括夸张的手势、大笑和微笑，它们与真正战斗中使用的手势和表情截然不同，后者包括咬牙切齿、皱着眉头、目不转睛地注视等。特拉威克-史密斯的研究表明，成人在解读这些信号方面不如儿童，成人可能将这类打闹游戏解释为攻击性行为，进而干预和限制它们。有趣的是，女性似乎比男性更倾向于把打闹游戏视为攻击性行为（Goldstein，1992），这或许可以解释为什么幼儿教育工作者会对打闹游戏怀有矛盾情绪，有时甚至是强烈反对。

然而，研究指出，打闹游戏不仅仅是玩耍，它对儿童维持友谊、培养沟通技能以及发展编码信号和解码信号的能力非常重要。它有助于发展儿童的自我控制能力，因为玩打闹游戏的儿童必须控制好力度，以免真正踢到人；也有助于发展儿童的轮流能力，因为他们要交替"当头儿"（Smith，2005）。在打闹游戏中，当孩子们享受亲密的身体接触、追逐的刺激感和做一些只有他们才能意会的事情时，他们之间就会建立深厚的情谊!

儿童同伴文化形成的背景

玩弄事物和打闹游戏只是儿童的游戏文化中的一些例子。有时,对成人文化来说,儿童的游戏文化是一种挑战。儿童的游戏文化包含许多成人世界中的故事、事件和形象,还涵盖了一些儿童文学作品和大众传媒中的人物、情节与剧本。这些线索被重新加工并编织成儿童自己的游戏文化。

儿童的户外游戏呈现了一个由假想、冒险、战斗、追逐、抓捕、救援构成的世界。危险和对危险的恐惧是这类游戏的基石。科萨罗(Corsaro,2003)在对儿童同伴文化进行人种学研究后指出,儿童游戏中经常出现的主题是海啸、地震、从悬崖上摔下来、火灾、山体滑坡和中毒等,而非成人列在计划表中的主题。接受在职培训的幼儿教师报告说,自美国"9·11"事件发生以来,炸弹、爆炸以及火车、汽车和飞机事故是儿童户外游戏的特征。我曾在一所幼儿园的户外游戏区看到孩子们以不同的形式再现当地黑帮的枪击和杀戮事件。儿童游戏中普遍出现的主题有:善与恶之间的较量,丢失与找回,威胁与躲避威胁,出生、死亡和重生。

这些主题并不总是受到成人的欢迎,他们有时不愿意接受儿童游戏中的这一阴暗面,期望儿童的游戏能展现"光明"的一面。但是,户外游戏的更自由、更开放和空间更大的特点,让儿童能够自主地面对和探索这些具有影响力且普遍存在的主题。正如戈尔曼(Goleman,1996)所说,神奇地改变真实事件的结果可能是儿童控制恐惧的有力方式。与此同时,与任何亚文化一样,同伴文化中共享的语言以及熟悉的叙事和表演都会营造一种强烈的"团结友爱感"。科萨罗(2003)指出,儿童同伴文化中的主题主要包括：儿童努力地控制自己的生活，并与同伴分享这种控制感。

儿童与自然界互动，并开始理解自己在其中的位置

对儿童来说，自然界既不是一个"地方"，也不是一个风景，而是纯粹的感官体验。（Cobb，1977，p. 28）

大自然提供了惊喜，激发了好奇，并发出了探索的邀请。豆角的藤蔓绕着杆子往上爬、蟾蜍躲在水沟里，这些看似再寻常不过的事物却令儿童着迷不已。4岁的奥蒂斯喜欢把幼儿园花园里喂鸟台上的坚果袋装满，然后给喂鸟台和坚果袋画一幅画，画中既呈现了从外面看到的坚果袋的样子，又呈现了往坚果袋里面看时所见到的情形（见图2.5a）。然而，让他感到困惑的是，坚果到哪里去了？为什么袋子是空的？那么，坚果都到哪里去了呢？我们可以在他的第二幅画（见图2.5b）中看到他的困惑和他的"可能性思考"：也许坚果进了小鸟的肚子里，所以袋子是空的！奥蒂斯把自己的经历生动地表征出来，其中也蕴含了创造性思维元素——"假设一下，如果……会……"。作为成人，我们可能已经忘记如何对事物发生的原因和方式产生疑问与惊奇，但儿童会非常好奇。自然界因其多变性吸引儿童的兴趣和引发他们的好奇。

第一手经验

大自然可以为儿童提供丰富的第一手经验，而第一手经验是儿童学习的"原料"。里奇等人（2005，p. 18）充分例证了什么是第一手经验，他们指出，第一手经验就是操作和使用真实的东西，去真实的地方与人交往，以及"风雨无阻地去户外活动，包括：迎着风奔跑，在雨中

图 2.5a

奥蒂斯画了喂鸟台、坚果袋的外面以及坚果袋的里面

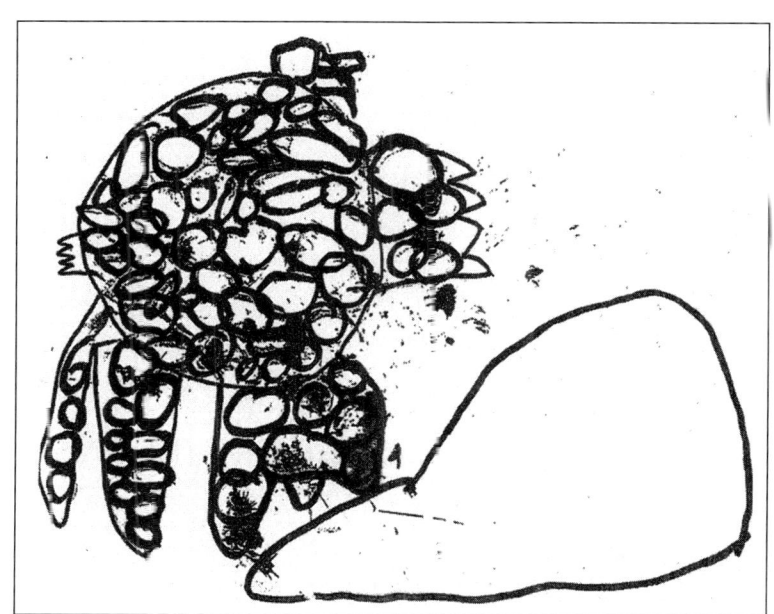

图 2.5b

坚果都到哪里去了呢？袋子是空的，小鸟的肚子是饱的

戏水，仰望星空，听猫头鹰的叫声，从结霜的树叶上走过，在树影间跳跃，燃起一堆篝火，收集各种东西，等等"。

物理变化

自然界的变化无常创造了新颖且令人兴奋的游戏材料，比如雪和冰、树叶和树枝、光影和反射、水坑和泥巴。大自然中的材料以神奇的方式发生着变化，比如水变成了内含小气泡的冰（见图2.6）、水在火上加热后变成了水蒸气。有些变化是永久性的，例如木头在大火中变成了木炭。有些变化则是可逆的，比如水可以变成冰、冰又可以变回水。这类变化被阿西（Athey，1990，p. 70）称作"功能依赖性"（functional dependencies），它们对儿童的学习非常重要，有助于儿童理解因果关系、永久性或可逆性。

儿童在户外时可以接触到自然界的方方面面，包括生命和死亡。在30多年的幼儿教育从业经历中，我不记得有哪一件事能像在花园里发现一只死掉的小鸟那样，如此强烈地吸引儿童的注意力。孩子们的问题接踵而至，他们试图弄明白发生了什么。例如：

- 为什么它会死？为什么它不动了？
- 如果我们把它扔向天空，它还会再飞起来吗？
- 它的妈妈在哪儿？

之后的几个星期，孩子们玩了"猫追小鸟"的游戏，这说明深刻的第一手经验成为儿童游戏关注的焦点。在儿童的生活中，有关死亡的经验常常被排除在外，可能是因为成人希望保护孩子，不让他们悲伤。成人的这一愿望可以理解，但并不适宜。死亡就像生命一样是自然而然的事情，避免儿童接触死亡事件就是在剥夺他们初步理解家人或朋友某一天也可能死亡这一更具"爆炸性"经历的机会。在户外时，儿童可以体验自然界的原生态和美丽。

图 2.6
材料以神奇的方式发生着变化，比如，当水变成冰时，里面会有小气泡

大自然的恒常性

虽然我们很珍视自然环境的动态性和多变性特点，但我们也能感受到，大自然本身给我们提供了令人安心的连续性。自然法则是永恒不变的。当今，儿童所处的人类社会变得更加不确定，自然法则的恒定不变会给儿童提供一种安全感。儿童很快就会意识到，与人类世界不同，大自然是不可争辩的。比如：精心堆砌的雪人在阳光的照射下消失不见；被粗暴的铁锹击中的蠕虫再也无法展现它蠕动的魅力；溪水不以人的意志为转移，向着山下流淌。

苏珊·艾萨克斯提出了大致相同的观点，认为大自然中发生的事情是对现实的检验和测量。"对大自然来说，不存在什么甜言蜜语的哄骗或欺凌。今天和昨天一样，它的答案永远是'是'或'否'。"（1930，p. 80）

在这个瞬息万变的世界里，大自然有自己的时间节律。当儿童不得不花费几分钟等待蜗牛重新从它的壳里钻出来，不得不花费几小时等待泥饼在太阳的照射下变硬，不得不花费21天等待小鸭子孵化出来，不得不花费数星期等待第一个豆荚出现在豆角的藤蔓上时，他们学会了耐心等待。体验大自然的这种慢节奏有助于儿童形成贝努瓦（Benoit，2001）所说的"挫折耐受力"（frustration tolerance），即愿意预期并等待事件的发生。

大自然和更广阔的世界

真正的教育之花，绽放在愉悦与责任坠入爱河时。如果你热爱它，你就会想去照顾它。（Pullman，2005）

尽管菲利普·普尔曼描述的是一个完全不同的领域和文化，但是他的话语抓住了一个重点，即如果儿童从未有机会以愉悦的方式体验大自然，那么我们就不能指望他们对大自然负责。许多儿童是通过电子媒介而不是亲身体验去获得有关大自然和野生动植物的经验的。他们被鼓励去保护濒危的物种、拯救地球，但他们从来没有亲自体验过大自然的丰饶和美丽。正如美国著名环境教育学家戴维·索贝尔（David Sobel）所说：

我们热衷于让儿童认识到自然界的问题并对这些问题负责，但我们切断了儿童与其根脉间的联结……儿童与大自然渐行渐远，而不是与它建立联系。（1996，pp. 1-2）

儿童与大自然建立联系通常始于他们的户外游戏，比如爬树、建造洞穴、在树叶中打滚、观察昆虫、挖掘地面（见图2.7）、进行园艺活动以及把大自然作为激发想象的灵感。当一群孩子把一丛灌木变成一座宫殿，把黄色的花瓣变成金色的宝藏，把照耀在地面上的阳光当成撒落在地板上的具有魔法的尘土时，他们正情绪饱满地体验大自然。

研究表明，那些致力于保护大自然的环保活动家或环保主义者将他们投身于大自然的执着归于两个因素：一是童年时在令人难忘的野外或半野外地方度过的许多时光，二是成人教导他们要尊重大自然（Chawla，1990）。同时，也有证据表明，很少接触大自然的儿童会对大

图2.7

2岁的孩子们在挖蠕虫；要想学会照顾大自然，亲身体验是基础

自然产生恐惧。比克斯勒等人（Bixler et al., 1994）研究发现，许多中学生在对美国和加拿大的60个野外中心进行实地考察时表现出对大自然的恐惧、厌恶和反感，他们认为植物是有毒的，昆虫和动物是肮脏的、有病的且令人厌恶的。他们在野外表现得非常焦虑（谁来检查树林里有没有杀手呢），因此有些人宁愿待在室内。童年早期是儿童对大自然的倾向形成的时期，是儿童对大自然的恐惧和戴维·索贝尔（1996）所说的"生态恐惧症"建立的时期。

缺乏直接的经验，儿童对自然界就不太可能形成深入且直观的理解，而这是可持续发展的基础。如果我们想要保护地球上的生命，那么我们必须允许儿童与大自然建立亲密的关系，允许他们理解自然，但更重要的是感受所有生物间的相互关联性，并认识到自己在世界中的位置。我认为，有助于儿童与大自然建立并维持这种关系的是儿童与成人一起在户外游戏和亲身体验，而非有关环境保护的课程。

美国著名的环保活动家蕾切尔·卡森[①]强烈呼吁，惊奇感应在儿童的生活中占有重要地位：

我真诚地相信，对儿童以及期望引导他们的父母来说，知道远不及感受重要。如果事实类信息是稍后产生知识和智慧的种子，那么情感和感官印象就是种子赖以生长的肥沃土壤。童年早期是准备这一土壤的时期。一旦情感被唤醒，如美感、因新事物和未知事物而产生的兴奋感以及同理心、同情心、钦佩或爱的情感等，儿童就会希望了解自己的情感反应对象。一旦了解，它就具有持久的意义。（1998, p. 56）

[①] 蕾切尔·卡森（Rachel Carson），美国海洋生物学家、作家、现代环境保护运动的先驱，主要作品有《寂静的春天》（*Silent Spring*）等。——译者注

戴维·索贝尔也指出：

如果我们希望儿童茁壮成长并真正地赋能儿童，那么我们在要求他们拯救地球之前一定要允许他们先去热爱地球。（1996，p.39）

户外运动游戏对儿童的学习至关重要

儿童在妈妈的肚子里时就很爱动来动去。户外游戏可以增强儿童天生具有的运动倾向。相较于室内游戏，在户外时儿童可以参与更富有活力的游戏，做各种各样的大肌肉运动，如跑、跳、追、躲、爬、挖、滚、扔、滑行、平衡、摇摆、骑自行车、推拉等。这些运动都需要儿童使用不同的身体部位，也要求他们具备协调各种动作的能力。儿童的肌肉和骨骼正处于发育中，每天进行适度的身体运动对他们的力量、耐力、运动技能的发展都有持久的影响（Byers & Walker，1995）。运动时，身体的代谢率远远高于休息时的代谢率（即静息代谢率），它对人的长远健康和幸福来说不可或缺。

游戏是儿童主动运动的强大动力。玩追逐游戏，假装自己是一架飞机正从天空飞过，或者假装自己是一只老虎正在爬树，这些游戏为儿童的主动运动赋予了意义和目的。追逐的刺激、身体互动的乐趣以及丰富的声音效果，既让儿童享受游戏中的运动，又让他们享受运动本身。儿童控制户外运动游戏，可以决定游戏的节奏、地点、持续的时间和挑战的难度。因此，户外运动游戏与正式的运动课或体育课截然不同。运动课或体育课由教师组织和掌握时间，儿童只需要根据教师的指示做出反应。对待运动的态度是在童年早期形成的，与其他学习领域中的心智倾向一样，喜欢运动的倾向非常重要，但也极易受到影响。

运动与思维

户外运动对儿童的认知发展和身体发展都至关重要，但是我们可能只重视户外运动对提高儿童健康水平的意义，忽略了它对认知发展的作用。乌弗里（Ouvry，2000）指出，儿童在锻炼肌肉的同时也在锻炼自己的大脑。

瑞士心理学家皮亚杰（Piaget）认为，"思维是内化了的动作"，儿童最初是通过运动以及探索世界时获得的感官反馈来建构对世界的概念性理解的。儿童只有在户外时才能体验许多关键的数学和科学概念，如高度、距离、速度、能量、空间、坡度、重力等。阿西认为，儿童的年龄越小，越需要在多种情境中运用整个身体来体验这些概念。这样的体验对残障儿童尤其重要，因为他们在生活中可能被剥夺了这样的机会。目前，神经科学领域的研究证实，在建构儿童的大脑和心智方面，运动具有重要作用。"身体锻炼可以增强大脑的功能，改善情绪，以及促进学习。"（Blakemore & Frith，2005，p. 134）

当儿童头朝下从滑梯上滑下来时（见图2.8），她不仅享受从陡坡上快速滑落的兴奋感和快乐，而且开始把坡度与速度联系起来。她会体验到，爬上滑梯需要力量，滑下来却不需要。她会使用"高处""低处"等词语描述自己所处的位置。当她采用不同的方式从滑梯上滑下来时，她探索了头朝下、向前、向后、侧身甚至头朝下脸朝上等概念。她会看到滑梯表面反射的光，感觉到金属的冰冷质地。时间一长，她会意识到摩擦力的存在，发现不同面料的衣服或垫子会减慢或加快她的下滑速度。

运动和"知道自己所处的空间位置"的重要性

滑行、滚动、转动、跳跃、旋转、转身和荡秋千等运动，能够刺激人的前庭觉，让人意识到动作与地面的关系。前庭觉对人的平衡感、身体姿势与空间意识至关重要。感知到自己在所处空间中的位置，与我们

图 2.8

运动对儿童的概念学习至关重要

的情绪发展（自我意识）密切相关。情绪与运动之间的这种联系，我们很容易发现。比如，当情绪发生变化时，我们身体的姿势、姿态、速度和动作的流畅性就会迅速改变。

在地面上玩或运动，如腹部着地爬行、滑行、滚动、倒骑自行车、推拉、伸展和悬吊等，会刺激身体各部位的本体觉或本体意识，对

"自我感觉"的发展至关重要。这类运动也对儿童的学习非常重要（见图 2.9）。戈达德·布莱思（Goddard Blythe，2004）认为，前庭系统发育不完善将会导致笨手笨脚和注意力问题，也会导致儿童以后在阅读、书写、辨认钟表上的时间、骑车等方面出现学习困难，因为所有这些学习都需要平衡感、空间感和方向感。

她指出，我们如果将大脑和身体的发展割裂开，就不能培养出一个"发展均衡"的儿童。户外运动游戏不仅可以为大脑和身体发展提供所需的营养，还可以为"思维发展"提供丰富的"食粮"。

图 2.9
荡秋千、扭动和旋转等运动游戏能够刺激前庭觉，有助于儿童了解自己所处的空间位置

在户外可以体验所有的学习领域

观察木头下面的昆虫,看一块冰需要多长时间才融化,藏在一个开口朝上的箱子里,用水管给花园浇水,倾听风铃的声音,挖掘宝藏,为火车游戏制作车票,表演一个喜欢的故事,闻一闻绽放的丁香花。虽然这些只是儿童户外游戏活动的一部分,但是它们是科学、数学、创造力、历史、地理、科技和读写学习中的关键经验。户外活动可以促进儿童的身体发展,尽管这确实很重要,但是过分强调这一点会弱化户外活动对儿童其他领域学习与发展的重要性。

关于户外游戏如何为儿童提供学习各课程领域的机会,你可以在其他书籍和文章中了解更多的细节。

户外游戏时,儿童可以在有意义的环境中以一种对他们来说有意义的方式体验课程。当学习对儿童来说具有"人情味"(Donaldson,1978)时,他们就会展现出最高的学习水平。户外环境强调主动学习、亲身体验和富有挑战性的游戏机会,会为这种有意义的学习提供丰富的环境。

在户外时,很多儿童更容易接触某些学习领域。研究表明,男孩在户外活动中的专注时间要比在室内活动时长(Hutt et al.,1989;Dixon & Day,2004)。例如,有些男孩很喜欢在户外进行大型绘画活动(见图2.10),或在户外游戏的过程中进行"书写"(见图2.11),而不愿意坐在室内的桌子边做这些事情,他们认为那是女孩待的地方。他们喜欢建造一个洞穴并在里面玩耍,而不愿意去室内的娃娃家玩。由于担心男孩在之后的学校教育中成绩不佳,因此人们更多地关注儿童的早期学习倾向,以及幼儿教育领域以女性劳动力为主的情况对儿童的游戏选择和课程参与的影响。霍兰(Holland,2003)告诫幼儿教育工作者不要过于简单化地看待性别差异,并敦促幼儿教育工作者更仔细地留意自己对某

图 2.10　儿童喜欢在户外进行大型绘画活动

图 2.11　儿童在户外可以体验所有的课程领域；这些孩子在玩办公室游戏的过程中进行书写和测量

些男孩更为喧闹、活跃的游戏做出的回应，理解他们游戏的基本主题，而不是试图引导他们参与传统意义上女孩们所钟爱的那种久坐不动的活动。教师要识别户外游戏的潜在课程价值，进而确保所有儿童在户外游戏时都能参与到课程中。

小结：为什么开展户外游戏

总而言之，大量令人信服的证据表明了户外游戏在儿童的生活和学习中的价值。正如我们在第一章中所述，许多儿童被剥夺了玩户外挑战性游戏的机会，这对他们的健康、幸福和学习都产生了严重影响。

户外环境为儿童提供了室内环境所无法给予的独一无二的机会，特别是为儿童提供了：

- 尝试的空间和自由；
- 可以操作和改变的环境；
- 可以投入探索、引起好奇和激发求知欲的具有动态性与多变性的环境；
- 多感官体验；
- 将材料组合起来以引发挑战和疑问的机会；
- 在学习中建立联系的机会；
- 引发质疑、探秘和"假设性"思考的丰富环境；
- 与他人协商、建议友谊，以及与同伴解决分歧和冲突的空间；
- 玩快乐的"眩晕游戏"的机会；
- 获得掌控感、愿意冒险及习得确保自身安全技能的潜在可能性；
- 对其学习至关重要的广泛运动机会；
- 体验自然世界并理解自己在其中的位置的机会；
- 学习所有课程领域的机会，而且有些学习只能在户外发生。

户外游戏具有促进儿童发展的巨大潜能，"丰富的机会""广阔的空间"等因素是户外游戏的重要特征。户外游戏的这些益处，是空旷的、铺着沥青的游乐场所无法提供的。

第三章

户外游戏的历史

> 历史并不是一系列的错误，而是对现代的启蒙……今天因回顾过去的存在而产生的感受，可以帮助我们以应有的谦逊态度为未来做出贡献。
>
> ——戈尔比（Golby，1988，p. 58）

为儿童提供户外游戏，是两个多世纪以来幼儿教育传统的一个显著特征。如果我们想要理解当前的处境，那么了解过去就非常重要。然而，过去并不只是我们工作的背景，我们偶尔也会从它那里获得灵感，或者通过它确认现行做法的有效性。过去也不只是一系列错误，让我们从中汲取经验继续前行。过去更不代表一个我们寻求回归的有着优质幼儿教育实践的黄金时代。过去只是现在不可避免的一部分。思想和实践并不是每一代人独立发明出来的，而是在传承中逐渐演变而来的，演变过程中有的遗失了，有的得到了重视，有的被埋没了却在后来被重新发现并被赋予新的意义，成为新的推动力。

传统并不是墨守成规、一成不变的，而是动态的、不断发展的。重要的是，我们要抓住"过去的存在"并重新诠释它，用以塑造未来。如果我们仅仅为了解释某一供给（比如户外游戏）的正当合理而提及不同年代的先驱者们，那么这是远远不够的。我们需要更具批判性地审视他们的观点，并在当代背景下重新诠释它们。

在本章中，我将介绍五位各具特色的幼儿教育先驱者，他们是弗里德里希·福禄贝尔、玛丽亚·蒙台梭利、玛格丽特·麦克米伦、苏珊·艾萨克斯和玛乔丽·艾伦（Marjorie Allen）。他们帮助我们理解户外游戏，那么他们对户外游戏以及冒险和挑战有什么看法呢？

弗里德里希·福禄贝尔（1782—1852）

对福禄贝尔来说，花园既有字面上的意思也有隐喻的意义。他没有使用"学校"一词，而是使用了"幼儿园"（即孩子们的花园），并把幼儿园看作儿童与自然和谐相处的地方。教育工作者应为儿童的成长提供一个丰富的环境，并像优秀的园丁呵护幼苗一样照料和培育每个儿童。福禄贝尔相信万物之间存在着一种神圣的统一性和联系性，因此对儿童来说，在户外环境中亲近大自然是非常重要的。

1837年，福禄贝尔在德国勃兰根堡创建了世界上第一所幼儿园，花园是该幼儿园的重要组成部分，代表福禄贝尔整体哲学思想的本质，即学习不是分门别类的，而是联系在一起的。花园里包括开放的空间，供儿童玩耍以及开展专门设计的动作歌曲、圆圈游戏和音乐活动。那里还有一个用砖石铺就的区域，上面摆放着座椅，供家长和参访者使用。花园的中央为每一个儿童提供了一小块地方（花坛）。如果没有足够的空间，那么就两个儿童分享一小块地方，因为"在幼儿园里让两个儿童发生联系是有益的，它能教儿童友好待人，而且每个儿童都会因为对方放在花坛里的东西而变得更加富有"（Froebel，转引自 Herrington，1998，p. 330）。这些独立的花坛被一条小路以及种植着花卉、水果和蔬菜的公共区域包围着。福禄贝尔甚至详细说明了小路的宽度，以确保两个儿童能够一起从上面走过。儿童可以在自己的花坛里种植他们喜欢的东西，但他们必须在公共花园中一起工作并对它负责。

值得注意的是，福禄贝尔花园的所有设计元素都表明，属于个人的小花坛或者地块是被公共花园围着的。"这部分通常被围起来，就好像它是被保护起来一样；对孩子来说，它是被围住的、受到保护的地方。"（Froebel，转引自 Herrington，2001）这不仅仅是一种安排，更确切地说，它以一种有形的方式阐明了福禄贝尔的万物统一性哲学理念，以及个体与群体、自由与责任、工作与游戏之间的联系。个体受到群体的保护和接纳，但同时对群体负有责任。

通过园艺和户外游戏，儿童不仅会了解大自然和动植物的生长特点，也将学会关爱自然、对自然负责，并逐渐认识到自己在自然世界中的位置。花园不是一个讲授自然课程或教授园艺技能的地方，因为儿童是通过主动活动和亲身体验来学习的。花园本身的教育价值，只能通过儿童自己的活动来实现。儿童通过第一手经验来获得学习，而"不是在聆听成人对无趣的单词或思想的解释中进行学习"（Froebel，转引自Herrington，2001，p. 311）。

"供给"是成人在密切地观察了儿童的游戏和材料使用情况后做出的回应。例如，福禄贝尔观察到儿童极其喜欢在花园里使用成人手推车，于是安排制作40辆小型手推车，供他们独立使用。福禄贝尔鼓励儿童对当地社区更广泛的环境负责。"他带着一群兴高采烈的孩子穿过小镇，每个人都推着一辆手推车四处捡拾垃圾，这样的景象一定让勃兰根堡的市民们感到有趣和惊奇。"（Leibschner，1992，p. 26）

儿童自由选择的户外游戏，令福禄贝尔着迷。在这些游戏中，他看到了儿童的正义感、自制力、友谊和公平意识的不断发展。他承认，尽管游戏中的儿童有许多粗鲁的言行，但也有证据表明，儿童对那些身体较柔弱、年龄较小或刚加入游戏的伙伴十分宽容和照顾。这样的游戏具有"一种唤醒灵魂以及增强智力和身体的强大力量"。因此，他认为，除了幼儿园外，每个城镇都应该有一个游戏场地，供儿童在那里邂逅和玩耍（Liebschner，1992，p. 52）。

除了花园，福禄贝尔还拓展了儿童的空间，引导儿童走向更广阔的大自然。他和孩子们会定期去周边的大自然远足。有趣的是，福禄贝尔记录的第一个教育活动便发生在乡村的小溪边，在那里，教师和儿童用水坝堵住水流，观察水的侵蚀效果（Liebschner，1992）。

向他们展示整个山谷……顺着溪流从源头探寻到出口……探索高耸

的山脊，看到山脉和山嘴；爬上最高的山峰，俯瞰整个地区……这样直接或间接地观察客观事物以及它们在自然中的实际联系，而不是聆听成人对无趣的单词或思想的解释，可以唤醒儿童内心深处起初很模糊但越来越清晰的伟大想法，即大自然中的万事万物是永恒统一的。（Froebel，转引自 Herrington，1998，p. 32）

福禄贝尔观察儿童的户外游戏，看到了自然材料的潜在教育价值。例如，儿童在户外玩水时可以了解因果关系和物理过程：

他在父亲的篱笆旁建造了一座小花园，把沟渠或者马车留下的车印作为河道，然后研究河水流过时给他的小水车带来的影响，或观察池塘上漂浮的一块木板或一张树皮，而池塘是他修建了一座水坝把水堵住形成的。（Lilley，1967，p. 127）

福禄贝尔的花园是儿童的精神领地，在这里，儿童在与自然和谐相处的情况下成长和发展，并开始意识到自己在自然中的位置。福禄贝尔的花园也是儿童玩想象性和创造性游戏，进行探索和发现，以及唱歌、听音乐和玩圆圈游戏的地方。在诸位幼儿教育先驱者中，也许福禄贝尔是唯一把花园的设计与有关儿童学习的哲学思想联系起来，并认识到儿童学习的整体性的人。福禄贝尔的花园还是一个供家长、教师和儿童一起游戏与工作的地方。

玛丽亚·蒙台梭利（1869—1952）

蒙台梭利在意大利罗马市中心的贫民区工作，她一直将自己的幼儿教育方法隐喻为"家"而非"花园"。她认为，儿童应该是环境的主人，就像他们是自己家的主人一样，也就是说，环境中的用具、家具尺寸应该适合儿童,能够让儿童独立地活动,并且一切都布置得井井有条。她指导儿童时所采用的原则是科学和"科学教学法"而非自然。她借用福禄贝尔关于园丁的比喻指出,"每一位优秀的培育者背后都站着科学家。"科学知识不仅有助于培育者更好地了解植物,"还可以用来改造植物。"她列举了双瓣康乃馨和巨型无刺玫瑰,把它们作为在科学知识的帮助下"超自然"的例子。她的哲学思想完全不同于福禄贝尔的花园理念,因为在福禄贝尔看来,花园里的杂草和花朵同样珍贵。

蒙台梭利创建的第一个"儿童之家"位于罗马市中心的贫民窟。它的庭院由廉价的公寓环绕,包括:用于跑步、玩球和跳绳的开放区域,以及一个由一圈绿树遮阴的花园。这个小花园里种了植物和蔬菜,并且与福禄贝尔的花园一样,它为每个儿童都提供了一小块地方。蒙台梭利认为,她为儿童建造花园的想法并没有什么新奇之处:

新奇之处也许在于我对于这个空间的使用,它与教室直接相通,这样孩子们一整天都可以按照自己的意愿进进出出。(1920,p.81)

因此,在允许儿童自由进出室内外、自由选择和自我主导方面,蒙台梭利开了先河。但是,她给予儿童的"选择"是有限的。在蒙台梭利看来,室外空间既不是一个用于发挥想象力的地方,也不是一个游戏场所。"如果我认为儿童需要游戏,那么我会提供适宜的设施,但我不这么认为。"她指出,儿童可以拿着他们的垫子和结构化材料到户外工作,但是这些结构化材料只有一种使用方式,不能被想象成各种偏离现实世界的"符号"。

与福禄贝尔不同,蒙台梭利不相信自然材料具有教育价值,因此,她没有为儿童提供沙子和水之类的游戏材料。相反,她认为,"由更具智慧之人的完美之手支配"的结构化材料,是识别儿童的真实或真正本性所必需的。她声称,通过采用她的教具和提供的自由条件,她发现了"标准化的儿童",即自然的、类型一致的、"模范"的儿童。她认为,儿童的所有行为问题都消失了,但是与此同时"创造性想象、对故事的喜爱、对人的依恋……玩耍……模仿、好奇心也全部消失了,只剩下一类孩子,即标准化的孩子"。蒙台梭利对福禄贝尔所认为的儿童特点施加了约束。因此,这一点与她的自由理念之间,存在着对立和矛盾。它也提醒我们,自由是一个有漏洞的术语,它体现了使用者的价值观。对儿童而言,能够自由地"做什么",这一点很重要。

儿童被鼓励去浇花,去喂食和照看小鸡。从本质上说,这类活动可以培养儿童的身体灵敏性以及独立性和责任感,比如,儿童需要打开和关上鸡笼。然而,它们无法培养儿童的好奇心,或者帮助儿童获得有关动植物的知识。

显而易见,福禄贝尔和蒙台梭利对待"花园"有着截然不同的态度。福禄贝尔重视户外规则游戏、故事和象征性游戏,认为象征非常重要;蒙台梭利则认为象征会导致儿童产生幻想,将儿童的注意力从现实世界移开。福禄贝尔重视培养儿童的创造性、主动性和好奇心,鼓励儿童探索自然环境和沙水等自然材料,利用它们进行实验,并改变它们。蒙台梭利认为,学习是从局部走向整体的;福禄贝尔则认为,儿童必须首先体验整个环境。福禄贝尔强调自然,蒙台梭利则强调科学。福禄贝尔珍视儿童与成人一起游戏和工作的价值,蒙台梭利则重视儿童独立专注的工作。福禄贝尔对教师主导活动的程度犹豫不决,蒙台梭利则率先提出了允许儿童自由选择和自由进出室内外的理念。

玛格丽特·麦克米伦(1860—1931)

麦克米伦出生于英国,是一位政治家、社会改革家和活动家。她曾在伦敦南部疾病流行的德普特福德贫民窟为儿童开办露天营地,这一经历使她确信,经常在户外活动可以极大地改善儿童的健康状况,同时婴幼儿应该是人们关注的焦点。她为儿童开设了一所露天幼儿园，并为儿童设计和建造了一座花园。花园是儿童活动的重要场所，室内空间只在天气极端恶劣的时候才用来遮风挡雨。她认为，儿童的一切活动都可以在户外进行，如玩耍、睡觉、吃饭、讲故事和做游戏等：

最基本的部分是花园，而不是上课、看图和谈话。儿童上课和谈话的内容离不开他们在花园里的所见所为，就像画廊里最好的画作是对真实事物的写照一样。在户外，儿童可以体验真实事物。（1930，p.2）

麦克米伦是福禄贝尔学派的一员，尽管她和蒙台梭利一样受到爱德华·塞金（Edward Seguin）的"感官训练"教学的影响，但她声称自己与蒙台梭利没有任何关系。她认为，不需要利用人工教具来孤立地刺激儿童的感官，因为亲身体验为儿童提供了更丰富和更有意义的机会：

假设你想要发展触觉，瞧，这里有20片叶子，有毛茸茸的向日葵，有卷曲的报春花，有光滑的吊钟花，还有带刺的玫瑰。假设你想要比较颜色，并识别色调和深浅，那么这里有大量的颜色。此外，香草园提供的香味比任何人放到盒子里的香味都要多。只要稍加思考，每条小路都蕴含了丰富的机会。（转引自 Bradburn，1989，p.17）

蒂娜·布鲁斯（1991，p.47）指出，主张为儿童提供"丰富的机会和真正的花朵而非教具，这是更偏向福禄贝尔学派的理念；'想要发展触觉'的表述则受到爱德华·塞金的程序化教学的影响"。麦克米伦建议成人问儿童一些问题，比如"花园里最大的叶子是什么""它是什么颜色的""给我看看蓝色的花"等，这类问题反映了蒙台梭利教学法对她的影响。这两种观点很难相容，我们可以在麦克米伦设计的花园中清楚地看到这一点。

麦克米伦为儿童设计和建造了一座真正的花园。她对一块废弃的场地进行了清理，并把它变成一座有着美丽景观的花园。花园的地势多变,既有草地,又有坚硬的地面。花园里有小路、台阶、空地、原木、攀爬架、滑梯、斜坡、绳索、秋千、灌木丛、棚子和游戏屋。这里的每样东西都有自己的设计和投放理由。例如,台阶不仅具有供人们行走的功能,还是供儿童跳上跳下的重要场地,同时为"年幼孩子学习上下台阶"(McMillan, 1919, p. 49)提供了宝贵的练习机会。

花园里包括一个种植园地,由香草园、菜园、石头园和野生花园组成。麦克米伦指出,"孩子们喜欢野外,因此,花园里应该专门有一块地方种植许多美丽的野生植物,让它们在这里恣意生长"(1919, p. 47)。收获的蔬菜、水果和香草会被送到幼儿园的厨房,改善儿童的伙食。值得注意的是,儿童会帮助园丁种植农作物,而非像福禄贝尔的花园那样负责自己的一块地。不过,他们每个人也都拥有一块地方,专门用于挖掘和探索。花园里的所有植物和花朵都是教师根据它们的颜色、样子、气味、质地等感官特性精心挑选的,如果适合品尝,还会考虑它们的味道。

花园里有可供攀爬和滑行的区域。麦克米伦认为,绳子和(更重要的)大树是"你所能拥有的最好的攀爬设施"(1919, p. 23)。其他区域为儿童提供了进行建构活动以及用箱子、轮子、梯子、木板、小桶和绳子进行想象游戏的机会。花园里有各种各样的动物,如兔子、豚鼠、池塘里的水生生物、小鸡等。也许是受福禄贝尔的同名活动歌曲的启发,还有一个鸽子窝,里面住着正在繁殖的鸽子。

除了野生花园外,麦克米伦还提供了一个垃圾堆:

虽然我们为每个孩子都准备了一个世界,但是他们需要一个更大的世界。我们精心为孩子们提供了绿地和散步的小路,这一做法适宜且正确。然而,我们也肯定不会忘记,我们自己曾经多么喜欢在一个大大的、完全没有小路和规则的地方玩耍呀!

因此,幼儿园的花园里必须提供一个自由且丰富的地方——一个由石头、瓶瓶罐罐、旧铁器和锅等组成的大垃圾堆。每个健康的孩子都愿

意来到这里，用自己选择的材料进行建构。(1919，p. 47)

她指出，在这一垃圾堆上玩耍是继"建造泥巴山和泥沟""修筑水坝和填充河流"之后最受儿童欢迎的活动（1930，p. 76）。

随着时间的推移，麦克米伦的花园也不可避免地发生了变化。它变得更具结构化，固定的设施增多了，如滑梯和攀爬架等，"简单的、可供临场自由发挥创意"（1919，p. 46）的材料减少了。在麦克米伦去世的前一年，即1930年，她的《保育学校》（The Nursery School）一书问世。在这本书中，她不再像以往那样强调垃圾堆、工具棚和在台阶上跳来跳去，这表明这些事物在20世纪30年代不再被认为是合适的。

麦克米伦认识到，健康和幸福对儿童的学习与发展极为重要。她所创建的花园由廉租公寓环绕，位于社区的中央，这样一来，人们就可以看到和了解儿童的游戏。花园为儿童提供了多样化且丰富的感官体验。斯特劳（Straw，1990）认为，麦克米伦对花园设立的愿景之所以衰落下来，不是因为人们发现了它的不足，而是因为它的目的和价值被误解了。花园被狭隘地认为是一个促进弱势儿童群体身体健康的地方——一种补偿模式——而不是为所有儿童提供的一个游戏和学习环境。

苏珊·艾萨克斯（1885—1948）

艾萨克斯所处的工作环境与麦克米伦完全不同。1924年，她在英国剑桥开办麦芽屋学校（Malting House School），这是一所专为家境优越的儿童开办的学校，也是一所实验学校。这所学校制定了两个核心目标，一是"激发儿童自身的积极探究精神，而不是教他们探究"，二是"把儿童感兴趣的所有事物纳入他们的直接经验中"（Isaacs，1930，p. 17）。儿童被赋予极大的游戏自由度，因为艾萨克斯认为，"只有当游戏是真正自由且属于儿童自己时,游戏对他们来说才是最有价值的"(1929,p. 133)。

麦芽屋学校的花园里有小草、果树、攀爬架、滑梯、可移动的梯子、可攀爬的大树、花朵、菜园(每个儿童都有一块地)以及各种动物,如小鸡、豚鼠、蛇、蝾螈等。

《旁观者》(Spectator)杂志的一位记者为麦芽屋学校拍摄了一部电影,生动地描述了这所学校:

在短短的半小时里,我看到这些4—9岁年龄不等的孩子正享受着他们一生中最快乐的时光!他们在齐膝深的水里费力地修补沙坑,用扳手修理水龙头,给钟表上油,兴高采烈地给篝火添柴,解剖螃蟹,爬上脚手架,在跷跷板上互相称体重。实际上,他们在做所有孩子都喜欢做的事情。(转引自 Van der Eyken,1975,p. 56)

这个花园激起了儿童的好奇心和探究欲,为儿童提供了挑战和冒险的机会。儿童拥有极大的自由,可以尽情地尝试、发现问题、进行试验并跟随自己的好奇心去探索。然而,这种自由也是受限制的。例如,儿童可以搭建和点燃篝火,但每个儿童只能拥有一盒火柴,而且不能在夏季避暑用的小木屋附近生火。再有,儿童可以爬上小木屋的屋顶,但一次只能有一个儿童爬上去。正如德拉蒙德(Drummond,2000,p. 3)所说,这是一个更大胆且对儿童友好的规则,它含蓄地向儿童发出了攀爬的邀请!儿童可以使用一系列园艺和木工工具,如锯子和锤子,但不能以危险的方式使用它们,而且使用后必须归还原位。就像她的前辈福禄贝尔和蒙台梭利一样,艾萨克斯认为自由不仅带来了责任,还会赋能儿童去发展保证自身安全的技能:

相比平时,儿童可以更自由地爬树和爬梯子,使用工具,用火柴点火,而且完全不受干扰。毫无疑问,部分原因是我们的密切监督,但很大程度上是因为在这种情况下,儿童的技能提升了,也变得更沉着自信!(1930,p. 25)

艾萨克斯认为童年是一个充满热情的时期。年幼的儿童对发现世界并努力理解世界热情满满。艾萨克斯（1932，p. 113）指出，"渴望理解世界……源自儿童内心最深处的情感需求……（这是）一种十足的热情。"艾萨克斯不仅是一位教育家和科学家，还接受过梅兰妮·克莱因[①]的培训，是一位执业精神分析学家。因此，在她看来，游戏是宣泄强烈冲动和表达强烈情感的出口。

艾萨克斯对儿童和游戏的看法一点也不温柔或浪漫。她注意到儿童的粗鲁、愤怒甚至破坏性行为，也注意到儿童格外温柔、体贴的举止。花园是一个极具魅力的地方，它是儿童了解世界的一个源泉，但也是一个供儿童发泄沮丧和愤怒情绪的安全场所。与此同时，儿童会发展他人意识和对其他生物的责任感。当儿童好奇死亡的宠物兔子发生了什么时，她允许他们把它从地里挖出来。但是，她坚决阻止他们伤害蜘蛛或踩压昆虫。她认可儿童对死亡的好奇心，并采用科学家的解剖方法，定期和儿童一起解剖死去的动物，这样他们就能看到并了解动物的内部器官。

尽管她努力在儿童自由活动的时候观察他们，但与蒙台梭利不同的是，她认识到不可能发现"自然的儿童"：

相反，我们逐渐意识到，孩子们的大多数行为……其源起是高度复杂的。例如，它们总是或隐晦或外显地表明，它们与成人的期待或者儿童所想象的成人的期待有关。（1930，p. 8）

麦芽屋学校只开办了4年，但它的影响力经久不衰。艾萨克斯对儿童的行为、思维及情感进行的细致记录，时至今日仍然充满活力和魅力。

[①] 梅兰妮·克莱因（Melanie Klein），出生于奥地利的精神分析学家，儿童精神分析研究的先驱，被公认为是继弗洛伊德之后对精神分析理论发展做出卓越贡献的心理学家之一。——译者注

玛乔丽·艾伦（赫特伍德的艾伦夫人，1897—1976）

尽管教育文献中很少提及艾伦夫人，但作为儿童户外游戏领域的先驱者，她值得拥有重要的地位。艾伦夫人是一位建筑师、作家、社会主义者、和平主义者和儿童权利活动家。她对20世纪中叶英国有关儿童的政策和实践产生了重大影响。虽然她不是一位教育工作者，但她为了让儿童拥有更好的户外游戏环境而积极活动，并成为英国托幼机构协会（Nursery School Association）的主席，以及世界学前教育组织（Organization Mondiale pour L'Education Prescolaire，OMEP）的创始人之一。艾伦夫人为英国的许多幼儿园设计了游戏区域，包括伦敦市卡姆登区公寓楼顶上带沙坑和戏水池的花园。

然而，人们最常把她和冒险游乐场或垃圾游乐场联系起来，因为是她把这一理念带到了英国。垃圾游乐场起源于20世纪40年代的丹麦。当时，丹麦的一位建筑师兼景观设计师发现，儿童在结束一天的学习之后更喜欢在建筑工地而不是专门为他们建造的游乐场上玩耍。之后，在一位福禄贝尔理念的追随者约翰·贝特尔森（John Bertelson）老师的领导下，第一个垃圾游乐场在丹麦首都哥本哈根开设了。彼时，丹麦正被德国占领，"这个游乐场被一个1.8米高的堤岸遮住，上面有篱笆，就好像儿童的游戏代表着对占领者的一种反抗一样，需要躲藏起来"（Norman，2003，p. 17）。

1946年，艾伦夫人参观了哥本哈根的垃圾游乐场。游乐场上没有固定的设备，以及垃圾材料为儿童提供的丰富游戏机会，给她留下了深刻的印象。儿童用废弃的木材、各种工具和钉子在自己的游戏空间里即兴建构。在一个训练有素的游戏指导者的看护下，他们用沙子、水、火做实验。通过著书立说和参加社会活动，艾伦夫人对英国主要城市里针对冒险游乐场的草根运动产生了重大影响。尤其是在伦敦，轰炸后的废墟

和垃圾场被改造成儿童游戏空间。她认为:

儿童希望寻找一个可以让他们挖掘、用木材建造小屋和洞穴、使用真正的工具、用火和水进行实验以及进行冒险并学习战胜挑战的地方。他们希望拥有一个可以进行创造和破坏以及根据自己的时间、使用自己的技能、按照自己的方式构建自己的世界的地方。在我们已经建成的小镇里,他们永远找不到这样的机会。他们感到处处都令他们沮丧,或者被当前的世界排除在外。(转引自 Rich et al., 2005, p. 46)

她使用"冒险游乐场"一词代替"垃圾游乐场",从而倡导"自己动手探索"的游戏环境,让所有儿童尤其是那些被排除在传统游乐场之外的残障儿童,都能够参与具有创造性和想象性的游戏。她有一句发人深思的名言——"骨折总比破碎的心灵好"。这句话精辟地概括了艾伦夫人的信念,即令人兴奋的、富有挑战性的冒险游戏非常重要,如果拒绝给儿童提供这样的体验就可能会造成更大的伤害:

幼儿……需要一个地方来发展自立能力,以及测试他们的四肢、感官和大脑,从而让大脑、四肢和感官逐渐服从他们的意志。如果幼儿被剥夺了通过试错、冒险和交朋友来进行自我教育的机会,那么他们最终可能会失去自信心和对自立的渴望。这样一来,他们非但没有获得安全感,反而会变得恐惧和退缩。(Allen, 1968, p. 14)

艾伦夫人严厉地批评了静态、乏味、没有挑战性的传统游乐场,认为它们不能激发儿童探索、想象、创造和寻求友谊的动力。她指出:"从一本产品目录中订购一个现成的游乐场的趋势,应该遭到强烈反对:缺乏创新精神的游乐场意味着枯燥乏味和千篇一律,只有制造商能从中受益。"(1968, p. 140)"为什么还有这么多没有变化的新游乐场?""为什么人们一再地犯这么多代价高昂的错误?"(1968, p. 15)到底是为什么呢?今天,这个问题与它在20世纪60年代一样重要。

在《工作健康与安全法》（Health and Safety at Work Act）于 1974 年颁布后，英国的许多冒险游乐场被迫关闭，因为地方政府不愿意因为这种冒险性环境而承担被起诉的风险（Chilton，2003）。尽管如此，艾伦夫人对具有挑战性的户外游戏环境设立的愿景，对于残障儿童同样有权享有丰富且富有刺激性的环境的信念，以及她基于观察了解到环境设计对儿童游戏的影响等，时至今日仍然具有影响力，尤其是在游戏工作领域。

传统的精髓是什么

我们继承了有关户外游戏和幼儿园花园的丰富历史传统，这些在今天的幼儿教育实践中清晰可见。我们很容易从丰富的历史传统中选择不同的部分并将它们混合到一起。但这种折中的做法并不能作为我们前进的坚实基础，因为我们终究必须根据自己的价值观、儿童愿景以及研究证据做出选择。

虽然幼儿教育领域的先驱者之间存在非常明显的差异，但他们也有一些共同之处。比如，他们都通过不同的方式强调：

- 花园和户外环境的潜在教育价值；
- 户外时光以及接触自然和园艺很重要；
- 尊重儿童，相信他们具有独立做事的能力；
- 冒险和冒险精神；
- 儿童通过主动参与和亲身体验进行学习；
- 根据相关理论和对儿童的密切观察来设计户外空间；
- 邀请家长和更广泛的社区成员参与儿童的户外学习。

除了蒙台梭利，其他幼儿教育先驱者都非常重视儿童的创造力和想象力,并将自由游戏和交谈视为有力的学习工具。福禄贝尔把他的教育理念转化为花园设计,并认识到这种设计是如何与儿童的游戏和行为联系在一起的。他的这一想法和做法也许是独一无二的。他还将设计的花园视为儿童学习的环境,并与儿童生活中更广阔的环境相联系。福禄贝尔的理念将看似对立的事物,如游戏与工作、想象与现实、自由与规则、个体与群体等,协调一致起来。

这些丰富的遗产怎样了

我们不难发现,一些幼儿园的户外环境与传统的花园已经毫无关系。幼儿园的花园一去不复返,取而代之的是柏油地面或塑胶地面,各种各样低水平、没有挑战性的塑料设施,因疏于照顾而只留下残枝败叶的树木,无数辆处于各种待修状态的自行车,以及不停地看着手表想知道自己的户外"轮班"什么时候结束的教师。这可能是一幅令人感到悲哀的画面,但在幼儿园中非常典型。这样的户外环境表明,在当代社会,关于儿童我们优先考虑的是什么呢?

然而,也有一些幼儿教育从业者捕捉到先驱者们的远见卓识,并依据清晰的理论基础,为儿童提供了动态的和令人兴奋的环境,同时不断地对其进行反思和重新评估。

重新审视先驱者们的理念,能够促使我们批判性地反思自己的童年观,以及自己对户外游戏空间的目的和价值持怎样的看法。我们想为儿童提供一个怎样的环境?它是一个充满探究、冒险、幻想和想象的地方吗?儿童可以使用所有的户外学习区域吗?我们想为儿童提供的自由是什么?什么样的约束最能让这些自由"茁壮成长"?儿童可以自由地进出室内外吗?需要给户外游戏传统添加些什么,以传承给我们的下一代?

在很多幼儿园，儿童学习的中心已经从室外转移到了室内，导致对最初做法的苍白模仿。这就需要我们迫切地对户外区域的目的和价值进行批判性思考与重新评估，并从过去户外活动的愿景中获得帮助，以塑造一个更有活力和更令人兴奋的未来。

传统是一个持续的过程，不会消亡，其形式、信念和活动会表现出兴衰枯荣与变化，使人们能够感知到它的谱系和跨越时空演变出的新东西。(Curtis et al., 2001, p. 10)

虽然上面这段话谈及的是另一个重要的传统，即不断演变的儿童游乐场文化传统，但是它对我们思考幼儿园的花园传统同样具有意义。我们有责任认真对待历史遗产，确保它充满活力、接受新的影响以及不断的重新评估，而不是扔掉它、滥用它、把它埋在柏油地面或塑胶地面下。

第四章

户外游戏的空间与地方

对我而言,宇宙不是一个我只能去适应它的巨大存在或空间,而是一个因我作用于它而形成的范围或领地。(Paulo Freire[①],1972,p. 65)

当我们设计或重新设计户外游戏空间时,我们会从哪里开始?通常情况下,我们会寻找一份游戏设备清单,然后带着"从中选择一种"的态度翻阅这份清单。然而,这是一个错误的开始。户外游戏空间的设计应该从我们想要给儿童提供什么以及儿童想玩什么开始。我们必须问自己这样几个问题:

- 我们希望这个地方看起来是什么样的、给人什么样的感觉?
- 对儿童来说,什么是"好的"户外游戏空间?为什么?
- 它以什么样的儿童观和学习观为基础?

为儿童设计户外空间

本章所阐述的方法基于以下三个基本要点。

第一,户外环境从来不是中性的,相反,它反映了成人对儿童以及儿童的学习与发展秉持怎样的价值观。它有力地向儿童传达出什么很

---

① 保罗·弗莱雷(Paulo Freire),巴西著名教育家、哲学家。20世纪批判教育理论和实践方面重要且颇具影响力的作家之一,也是自赫尔巴特、杜威以来,教育理论史的"第三次革命"的开创者和实施者,主要著作有《被压迫者教育学》(*Pedagogy of the Oppressed*)等。——译者注

重要或什么微不足道的信息。正如蒂特曼（Titman，1994）所述，儿童会把环境"解读"为一组符号，这些符号指引他们在那个地方应该做什么、想什么和感受什么。例如：一个放满攀爬设备和自行车的开放空间表明，这是一个进行身体锻炼的地方；一个表面被数字、带字母的踏脚石及不同颜色的形状覆盖的区域表明，在这里学习颜色、形状和字母比玩耍更重要；一个铺着橡胶安全地垫和堆满了鲜艳的塑料玩具的空间"告诉"儿童，他们需要远离有着丰富感官体验的现实世界。

本章以及本书所持有的一种儿童观是将儿童视为：好奇的、乐于探究的、经常令人难以理解的、喜爱游戏的、富有创造力和想象力的、有能力的以及积极与同伴、成人和自然世界互动的学习者。在设计户外空间时，成人应该依据并牢记：儿童是在丰富的亲身体验、游戏和交谈中获得最有效的学习的；只有当他们感到安全、快乐并与他人建立了亲密关系时，他们才能茁壮成长。显然，这一儿童观要求我们为儿童提供一个与上文所列举例子完全不同的环境。

第二，儿童不仅把户外环境视为装满"物体"的空间，还将其视为充满意义的场所（见图4.1）。美国心理学家詹姆斯·吉布森（James Gibson）的"可供性"理论在这里很有用。他认为，我们的知觉体验不仅包括环境中的物体和事件，更重要的是它们的功能性意义。环境特征提供了一定的可能性，使得"物体"不仅具有物理特征，还具有功能上的多种可能性，比如可以供儿童爬上去、爬过去、爬到下面等。因此，在不同年龄的儿童看来，一棵倒下的大树可能给他们提供不同的活动机会，比如扶着树干站起来、坐在树干上、骑在树干上、在树干上飞奔、在树干上保持平衡、推树干、滚树干等。树干上的纹理可能吸引儿童去轻拍、抚摩、戳一戳或捏一捏它。栖居在树干上的小生物可能引发儿童的好奇心和探究欲。树干的形状连同它的特征，如裂缝、凸起、图案等，为儿童提供了运用想象力的可能性，儿童在游戏中会赋予它们全新的意义。从这一角度看，环境特征提供了多维度游戏的可能性，而这些

图4.1 一根枯死的树干为儿童提供了许多玩耍的机会,孩子们从附近的灌木上采集鼠李花,然后用它们填满空心的树干,他们先制造"毒丸",而后制造"魔法药",一个复杂的故事由此展开了

并不总能被成人认识到。

第三，户外环境是一个动态的生活场所，随着儿童和成人作用于它而不断地变化。它既不是一个静态的、预先布置好的、让儿童必须去适应它的场所，也不是一系列活动的美丽背景，而是因儿童或儿童与成人栖身于此而形成的一片领地。儿童就像对待玩伴一样与环境互动，塑造和改变它，但反过来，他们也被环境所给予的体验和互动塑造着。户外环境不应该仅是一个让儿童置身其中摆弄设备的空间（Herrington，1997），而是一系列供他们探索与实验、创造与想象、与他人互动以及创造有意义的地方的空间。因此，儿童既是自己所处环境的"解读者"，又是"创造者"。

倾听儿童

在设计户外空间时，成人必须考虑儿童的想法和看法。倾听儿童不仅仅是咨询他们，还应该把儿童视为他们自己生活的专家，尊重作为思想者和学习者的他们，意识到他们的想法值得我们倾听。倾听儿童也意味着承认儿童具有创造意义的能力，而这些意义与成人创造的意义有可能截然不同。

倾听儿童完全有别于"咨询活动"，后者可能会提出一个又一个问题。而只是简单地询问儿童想在游戏区玩什么，这一做法可能会导致"更多如出一辙的答案"，因为儿童往往会要求教师提供他们已知的东西。最糟糕的一种情况是，它被用来确认教师已经决定的事情。

受瑞吉欧·艾米莉亚"倾听教学法"的影响，英国学者克拉克和莫斯提出了马赛克方法[①]（Clark & Moss，2005，2006）。它为我们收集儿童

[①] 由克拉克本人撰写的《倾听幼儿——马赛克方法》（*Listening to Young Childrea: A Guide to Understanding and Using the Mosaic Approach*）一书已由中国轻工业出版社于 2020 年 3 月出版。——译者注

的观点提供了更具创新性的方法，例如邀请儿童为自己所处的环境拍摄照片、绘制地图、制作书籍以及游览他们所处的环境等。马赛克方法为我们提供了一种工具，让我们得以识别儿童为他们所处的环境赋予的多重意义。例如，3岁的小男孩加里说他喜欢的户外场所是一个"山洞"，他在那里"听魔法电台里播放的魔法音乐"（Clark，2005，p.1）。研究人员惊讶地发现，加里所说的"山洞"并不是他所认为的游戏区的一个黑暗角落，而是草地上一张形状弯曲的长椅。研究人员将长椅看作儿童社交的场所，但对加里来说，这里是一个他自己想象的私人世界。显然，倾听和观察儿童将挑战我们对游戏空间先入为主的想法与假设。它要求我们主动接纳儿童的观点和他们所创造的意义，准备好暂时悬置我们自己的判断，并挑战我们的假设。

因此，在为儿童设计空间时要倾听儿童，努力通过儿童的眼睛看世界。这也意味着，我们要运用有关儿童游戏和学习的知识以及有关儿童空间使用的现有研究成果来理解儿童的想法。它需要教育工作者、景观设计师、园艺师、儿童、家长和当地社区共同合作，就如何为儿童创设一个有效的游戏和学习空间进行对话。

为什么是空间与地方

我们通常认为空间是空空如也或一无所有的，但是，空间是由其周围环境来界定的。它有地面、轮廓和边界。它在维度上包括大小和形状，在特性上分为开放性和封闭性。它可能是巨大的、无限的，也可能是封闭的、私密的。它的形状可能促使某些运动和行为发生，同时限制其他运动和行为。它的感官特性会影响我们的情绪。当我们分别身处一个通风开放的空间与一个封闭的空间时，我们的感受和行为是完全不同的。

地方不仅仅是空间，还充满了情感和意义。空间对我们来说可能平淡无奇。但地方在我们的生活中具有重要性和意义。我们会对某一个地方产生依恋，而这种依恋似乎是人类的一种重要需求，也是我们在这个世界上获得自我意识和归属感的一种方式。美国研究空间和地方概念的地理学家段义孚①认为，地方不像空间那么抽象：

  当我们更好地了解空间并赋予其价值时，原本无差别的空间就变成了地方……"空间"和"地方"这两个概念需要彼此定义。从地方的安全性和稳定性中，我们意识到空间的开放、自由和危险；反之，亦然。（1977，p.6）

  儿童根据自己的目的改变空间的用途，赋予空间以意义，正如我们所看到的，这些意义可能与我们成人所赋予的意义大相径庭。

户外环境中看似无关紧要的特征

  当儿童在户外环境中游戏时，他们不仅把它看作一个物理空间，还把它视作一个有意义的地方。他们利用物理环境中看似无关紧要的特征——对教师来说貌似没有任何明显功能的特征——创造自己的意义。比如：游戏区中一个形状奇特的角落成为"躲猫猫"游戏的最佳地点；一个普通的排水管用来玩"塞石头"游戏；旧砖墙上的碎泥巴变成战争游戏中的火药，或者变成沙子蛋糕上面撒的一层"糖粉"。布赖恩·利特尔（Brian Little）将这些称为"虽无关紧要但却令人感到甜蜜的东西……儿童与他们所处环境之间这种愉悦的、随意的以及貌似无足轻重

---

① 段义孚（Yi-Fu Tuan），当代华裔地理学家，美国科学院和英国科学院双料院士。他的人本主义地理学思想在西方地理学界，以及与西方关系密切的其他地方的地理学界，都产生了重大影响。他将人的种种主观情感与地理环境的丰富关系进行了极具智慧的阐释，吸引了众多学者的目光。——译者注

的互动，给他们的内心带来了快乐"。

我现在还记得孩童时，一排旧的金属栏杆引发了我们的无数游戏。我们不仅用它们荡秋千和翻跟头，还玩想象游戏和进行交流。金属栏杆里面是空心的，上面分布着一些间隔均匀的小孔。当声音通过金属栏杆传递时，音量就会被放大。因此，我们把金属栏杆当作电话，与朋友隔着一段距离交流。栏杆上的小孔也成为我们互相传递信息的秘密地点，我们会把折叠好的小纸片或者用糖纸包着的硬币放到小孔里。即使时隔多年，我至今依然记得当看到旧栏杆被闪亮的新栏杆取代时自己的那种巨大失落感。新栏杆不是空心的，无法为我们提供丰富的且令我们感到满足的游戏机会。

研究已经证实，儿童拥有从看似无关紧要的环境特征中创造意义的倾向。比如，阿米蒂奇（Armitage，2001）在观察6—11岁儿童的游戏后发现，金属烤架和栅栏变成"警察和强盗"游戏中的监狱，下水道的盖子变成玻璃弹珠游戏的目标，座椅或树干上的大洞被当作女巫的大锅，而放在"大锅"里的鹅卵石、小草和花朵用来为女巫酿造啤酒。这些游戏情节并不是暂时性的或转瞬即逝的，而是游戏区文化的一部分。几年后，一个全新的儿童群体赋予同样的环境特征以相似的意义，这说明当不同年龄段的儿童一起玩耍时，儿童的游戏文化是多么的根深蒂固和持久！游戏传统随着时间的推移而演变，每一代儿童都会增添一些新的东西并重新塑造它。

因此，户外环境中看似无关紧要的特征却承载着巨大的象征意义，成人"读懂"并理解儿童的游戏文化非常重要。成人认为难看、无关紧要或仅仅具有功能性的东西，在儿童眼中往往具有游戏的潜能。所以，在设计户外游戏区时，我们必须考虑到，儿童倾向于注意并利用奇怪的空间、角落、栅栏、柱子、孔洞、缝隙、烤架、排水管等。儿童经常把墙面和地上的图案，如线条、边线、网格、圆圈和"之"字形等，纳入自己的游戏中。相比之下，游乐场上的固定设施在最初引发了儿童的一阵兴趣后，往往就会被忽视。

随着空间设计日益变得像预先打包好了的产品，对儿童来说具有无限游戏魅力的角落、墙洞和缝隙等都面临消失的危险。其最终结果是游戏区看起来整洁有序，但没有灵魂，也缺少有助于丰富的游戏文化和强烈的"地方感"形成的特征。

是什么造就良好的游戏空间

尽管我们知道儿童能够把最不可能游戏的环境变成游戏的地方，但是，如果我们想要为儿童创设一个良好的户外游戏空间，那么我们必须思考：一个有助于儿童游戏和学习的良好空间需要具备哪些特征？

有关环境创设和儿童学习的文献表明，我们应该为儿童设计具有挑战性和创造性的户外环境，而这样的环境包括以下空间：

- 特定的空间；
- 相连的空间；
- 高出地面的空间；
- 野外空间；
- 探索和研究的空间；
- 神秘的、具有魅力的空间；
- 自然空间；
- 体验大自然变化过程的空间；
- 放飞想象的空间；
- 运动的空间；
- 安静的空间；
- 社交和建立亲密关系的空间；
- 动态空间。

下面将逐一对它们进行深入的探讨。

特定的空间

很多学者建议把户外空间细分成一些特定的区域。例如，比尔顿（Bilton, 2002, p. 48）认为应该把户外空间划分为各自独立的区域，以便儿童进行不同类型的游戏。她建议，在户外为儿童提供想象游戏区、建构区、运动区、园艺区、科学区和安静区。芒廷（Mountain, 2001）也认为，户外空间应该包括一些被明确界定的区域，如认知区、社会交往区、身体运动区和想象游戏区。

尽管使用这些分类来思考或反思现有的户外空间有一些可取之处，但其中的危险在于，我们的思维将受到范畴界线的限制，我们的注意力将集中在这些被划分好的单个空间上，而不是它们之间的联系和关系。对户外游戏区域的固化理解可能导致它们缺乏灵活性、缺少新意以及变得过于模式化。

鉴于儿童学习与发展的各个方面都是相互关联的，因此户外空间设计应该反映并支持这一点。比如，身体运动区能吸引成人和儿童将注意力集中在身体发展方面，但这可能是以牺牲儿童的社会性发展、想象力或认知发展为代价的。显而易见，身体运动、社会性和想象力是认知学习的基本组成部分，是不能被割裂的。

儿童没有必要按照成人预先规划的目的来使用空间。他们是"环境的游牧者和空间的伟大操纵者"（Vechi, 1998, p. 131）。当游戏区允许儿童"游牧式"地使用资源和空间，允许他们为了实现自己的目的而驻足，以及允许他们创造自己的游戏场所时，这更符合我们所理解的"游戏是跨越了时间和空间而不断展开的"这一认识。

但是，这并不意味着空间应该被随意规划，导致儿童的游戏总是被其他游戏干扰或妨碍；也不意味着游戏区应该是一堆杂乱无章、毫无关联的区域，导致儿童花很多时间去定位这些区域，而不是真正地拥有或改变它们。正如吉尔克（Jilk, 2005）所说，太灵活则可能阻碍地方感的发展。因此，我们应该仔细规划户外环境中的某些固定区域（如玩沙区、花园区、挖掘区、建构区）以及重要的地标（如绿廊、可以坐在下面讲故事的大树、一座桥、一个小山丘），这些将有助于儿童尤其是残障儿童定位这些区域并发展地方感。

相连的空间

空间应该促进而不是抑制游戏的流动性。动态的空间和清晰的路径，能够促进不同游戏区之间以及室内外的联系。彼此靠近的游戏区，能够"邀请"儿童在它们之间建立联系。比如，在沙坑附近放一个水龙头，将鼓励儿童把沙和水组合起来变成一种新材料，用于探索和塑形。从一个玩沙区通往不远处沙坑的小路，将鼓励儿童在两个区域之间来回搬运沙子。一个传声筒将鼓励不同游戏区的儿童以及室内外的儿童进行交流。小路、踏脚石、小桥和栈道将邀请儿童到新的区域游戏，就像在旅途中一样，他们将会探索新的路径和区域，做出新的选择，与此同时熟悉的路径也让他们在有需要的时候能够回到安全地带。幼儿园户外环境中的小路或者车道往往是固定不变的圆形或"8"字形，导致出现了"仓鼠笼效应"，即儿童只能重复不停地做圆周运动，同时它们也将各个区域孤立起来。

儿童是具有社会性的人，他们通常希望参与周围发生的事情。围墙和栅栏等固定的界限，将儿童孤立和隔离开，而围墙和栅栏上可窥视的小孔与开口以及植物间的缝隙既让儿童有了一定的私密性，又让他们有机会与其他空间内正在发生的事情建立联系（见图4.2）。当代的户外

图 4.2　孩子们找到了与外界空间联系的方式

环境设计倾向于用围墙或栅栏把儿童关在"里面",把陌生人拦在"外面",这一趋势令人担忧。赫林顿(2005a,b)认为,围栏不应该切断儿童与外面的联系,而是应该邀请儿童透过或者越过围栏去观察和体验更广阔的世界。

围栏之外发生的一些日常事件,如遛狗、送快递、挖路或修理路灯等,既令儿童着迷,又是丰富的游戏素材。科萨罗(2003,p. 49)注意到,意大利一所幼儿园的孩子们每天都会观看清洁工收垃圾并向清洁工"挥手致意",这成为他们的一项日常活动,并被纳入游戏区成为他们的游戏文化。即使一年之后,它仍然是新一届儿童的重要游戏内容。我最近观察到一群孩子在玩建构游戏,他们把一个小桶拴在绳子的末端,然后用它把砖头运送到游戏屋的屋顶上,这个游戏的灵感来自他们对幼儿园附近屋顶建造工作的观察,在那里建筑工人用滑轮和绳子把瓦片吊到了屋顶上。从这个意义上看，游戏空间与非游戏空间、"内部"与"外部"之间的界限变得模糊。

儿童将不同游戏区之间的体验联系起来的机会越多，他们的思维结构就会越丰富（Athey，1990）。比如，如果户外环境中只有一个固定的滑梯，那么儿童可以体验到坡度以及摩擦力对下降速度的影响。但是，如果户外环境中有斜坡、倾斜的小路、不同高度的木板、草坡等，那么儿童就有机会体验它们并在这些不同的体验之间建立联系，开始理解斜坡的角度、质地与下降速度之间的关系，从而建立更丰富的有关坡度的概念。

把看似无关的想法联系起来或者以独特的方式把材料组合起来，也是创造性思维和想象性思维发展的基础。因此，当儿童在户外游戏时，他们建立关联和联系的机会越多，他们的游戏就越具有挑战性和想象力。再次重申，我们所创设的空间要能够邀请儿童建立联系。

高出地面的空间

通常，幼儿园的户外游戏区"一马平川"，地面很少超过1米高。无论什么样的材料或者活动，都适合这样的地面。然而，高度能够改变游戏、视角甚至关系，因为正常事物的秩序被颠倒了，比如，儿童可以俯视成人，成人则需要仰视儿童。改变水平面就是改变视角，通过一个不同的角度来观察世界。高处可以开阔儿童的视野，让儿童的目光有可能越过围栏看到在地面上无法看到的空间。高处为儿童提供了一个方便、有利的地点，让他们在不引人注目的情况下观察他人。高处为儿童独处或观察他人提供了私密的空间。此外，高处还是备受儿童欢迎的社交场所，儿童可以在这里碰面和交谈（Burke，2005）。

高度还能增强儿童游戏时的刺激感、兴奋感、力量感和控制感——

"我是城堡的国王"。斯蒂芬森（2002）认为，高度在儿童感知恐惧的过程中起着重要作用，可以增强游戏的兴奋性和挑战性。对高处的体验也会发展儿童的数学概念，如高度、空间、距离和角度。

我们可以通过树木、树屋、附带高高的平台的固定设备以及土丘和小山等，将高度纳入游戏区的设计中。此外，为了让身体残疾的儿童也能够使用这些高出地面的空间，我们需要额外设计可以让他们安全进出的通道。我们还可以利用树木搭建桥梁和空中栈道并在必要时设置安全网，从而有效地利用位于不同高度的空间为儿童提供高处和一个有趣的"脚下世界"。

野 外 空 间

在城市中长大的儿童很少接触野外空间，但是年幼的孩子似乎天生被野外吸引。罗宾·穆尔有力地论证了在城市景观中保留"崎岖的地面"的价值，他强调地面和儿童使用地面之间的动态关系：

崎岖的地面所具有的不确定性使其成为儿童游戏的伙伴，儿童和它的关系就像其他形式的创造性伙伴关系一样，如"演员－观众""制陶人－黏土""画家－画布"等。儿童的探索或创造并不是在进行"艺术创作"，而是把自然景观作为一种媒介，通过不断地破坏或重建它来理解世界。（1986，p.242）

"自然景观是儿童游戏的伙伴"，这一概念的提出非常重要。成人经常将野外视作乱糟糟的、不可控的、不合需要的、危险的地方，但儿童认为野外给他们提供了游戏的自由，让他们可以去创造、去建构、去解构、去改变。自然景观与游戏之间是一种互惠、动态的关系。自然景观的特征暗示了游戏的主题，例如一个小山丘变成一座可以攀爬的大山、一棵枝条蔓延的大树变成一只章鱼（Waller，2006）。

地面崎岖的荒野，不同于笼子式的、修剪得整齐的空间，它给予了儿童更多的机会去想象、创造、探索生命世界和发展地方感。一片野生的区域，向儿童呈现了许多意想不到的、不可预测的东西，并唤起他们的兴奋感、神秘感和冒险意识。儿童在没过自己头顶的草丛和灌木丛中穿行，就像成人在错综复杂的丛林中前行一样，因此未经修剪的草地也可以成为令儿童兴奋的探索之地（见图 4.3）。赫林顿（2005a）描述了当一群孩子获悉他们最喜欢的一大片长草丛即将被除掉时是如何进行强烈抗议的，这表明这个地方对他们来说非常重要。

图 4.3

儿童在没过自己头顶的草丛和灌木丛中穿行，就像成人在错综复杂的丛林中前行一样

那些"暗示"了是荒野的区域，如倒下的树木、巨石、草丛、缠绕的藤蔓、茂密的竹林等，是儿童进行探索、冒险、想象和获得纯粹的感官快乐的重要场所。

艾奥娜·奥佩和彼得·奥佩夫妇曾指出：

对儿童而言，垃圾堆比鲜花盛开的假山更有趣，倒下的树比雕像更有趣，泥泞的小路比石子小路更有趣……然而，儿童的长辈们却热衷于修剪、铺砌、铲平、清理、美化环境和将环境转化为经济利益，好像只有最大限度地利用周围的设施才能营造出诗意。（1969，p.13）

尽管奥佩夫妇是在20世纪60年代提出以上论述，但是他们的观点对当今私人花园和公共花园的"设计化"以及备受人们欢迎的"快速改造式花园"仍然很有意义，因为这些设计和改造通常很少为儿童提供游戏的机会。

探索和研究的空间

重要的是"……准备一个富有刺激性的环境，让新的机会成为可能"。（McMillan，1930，p.78）

一个富有刺激性的环境，能引起儿童的兴趣，为他们提供惊喜，引发他们的好奇和探索并具有无限的可能性。土、沙、水等材料为儿童的游戏和探索提供了无限的机会（Wood，1993）。图4.4中的沙水区有一个喷泉，可用于探索水流的喷射强度。这个区域还可供儿童戏水。当他们想把水排出去的时候，拔掉塞子即可。水可以流到玩沙区，从而形成新的连接和"机会"。湿沙子可供儿童进行塑形活动，当沙子变干后，它的颜色和质地所发生的变化会让儿童感到惊奇，并提供新的游戏

图 4.4 沙水区为儿童提供了丰富的感官体验和刺激物

机会。沙水区附近精心栽培的植物，可以刺激儿童的嗅觉、听觉和触觉等。灌木在风中摇曳，沙沙作响，创造出斑驳的光影效果。

丰富多样的感官刺激吸引儿童去探索和研究，并且环境的每一部分都能提供丰富的感官体验。例如，在图 4.5 中，供车辆和带轮玩具使用的坚硬道路变成儿童探索不同质地的地方。儿童不仅可以用手和眼睛去探索，还可以用耳朵和整个身体去感受，因为当车轮从质地不同的路面上轧过时，会发出不同的声音和振动。

在一个富有刺激性的环境中，儿童会发起并追寻挑战。我曾看到一个 2 岁的孩子花了很长时间努力把一个衣夹固定在一朵蓟花上，他被蓟花带来的刺痛感迷住了。他往后缩了缩手指，而后继续回到这个他自愿发起的挑战中。在另一所幼儿园，两个孩子试图用水桶从一个汩汩作响的小喷泉里"接"水，事实证明这太难了。之后，他们用一根管子把水

图 4.5

当儿童骑行时,质地不同的路面为他们提供了一个有趣的"声音景观"

从喷泉口输送到水桶里(见图 4.6),从而解决了这个难题。他们的成功取决于他们之间的合作、协调和坚持不懈。这个环境富有刺激性,邀请儿童去探索,但同时提出了问题和挑战。

儿童在世界上的存在模式就是回应世界发出的邀请。这个充满魅力的世界正在邀请儿童,唤醒了他们的好奇心,并激励他们去理解纷繁复

图 4.6 一个富有刺激性的环境提供了新的可能性和需要解决的问题

杂的人生经历。简而言之,儿童通过游戏,成为行动者和意义创造者。(Polakow,1992,p.39)

神秘的、具有魅力的空间

儿童热衷于观察,他们常常被微小的细节、深浅不同的颜色、错综复杂的图案、变幻的光影吸引。环境中被成人视为理所当然的事物,对儿童来说,可能是让他们感到神秘和快乐的源泉。例如,从树叶间隙透过来的阳光、移动的影子、消失的水洼、慢慢融化的冰等,都会让他们感到惊讶和好奇。3岁的亚历克斯看到一块正在融化的冰,惊叹道:"看,看,它正在融化,真神奇!"

伴随神秘感而来的惊奇是学习的基础,正如爱因斯坦(Einstein

所说：

> 我们所能体验到的最美丽的事物是神秘感，它是一切艺术和科学的真正源泉。对神秘感陌生的人，不会再停下来感到惊奇，也不会再肃然起敬。他与死人无异，他的双眼是闭着的。（1984, p. 27）

虽然在任何一个丰富的环境中，儿童都能找到机会体验神秘和美丽，但是我们也需要为之规划。例如，我们需要理解光线和影子如何在游戏区发挥作用，创设能够让儿童体验影子和黑暗的空间，设计彩色玻璃舷窗或在墙上凿几个小孔来捕捉光线并制造彩虹的效果，摆放植物以提供斑驳跳动的光影，种植灌木让它们在风中摇曳发出沙沙声。所有这些都表明，我们应该设计环境以培养儿童的美感、神秘感和惊奇感。

自 然 空 间

当儿童拥有选择权时，他们似乎更喜欢在自然环境中游戏（Moore, 1986; Titman, 1994）。阿米蒂奇（1999）研究了英格兰东部港口城市赫尔河畔金斯顿的儿童对游乐场的看法并发现，虽然最初吸引儿童进入游乐场的是它里面的游乐设施，但儿童最喜欢、也使他们的游戏能持续更长时间的是游乐场的自然特征，如小草、鲜花、大树、灌木、矮树丛等。通常，游乐场中的这些自然特征只是为了软化和美化环境，但对儿童来说，它们提供了丰富的游戏机会。

自然元素经常被用来填充空间或装饰游戏区域。例如，植物被放入花坛里或混凝土花盆里，园丁还会定期把它们拔掉，更换能迅速开花的新品种。于是，大自然仅仅变成一道美丽的风景线，而不是儿童游戏的场景或舞台。与此形成鲜明对比的是英国萨里郡的儿童中心，该儿童中心在城市住宅区的中央为儿童创设了一个野生的花园环境：

我们希望我们的孩子及其家人能够全身心地沉浸于自然界，领略它的美，观察野生动植物，感受季节的变化。我们也希望他们能意识到环境和他们自身对天气的反应。我们希望每位家长都能看到植物在微风中起舞，体验暴风雨掠过头发的感觉，听到雨点拍打在树叶上的声音，闻到潮湿的泥土味道，看到阳光洒在枝叶上，感受花园沐浴在阳光中每时每刻、日复一日的变化。（Robinson，2006，p. 1）

该儿童中心不仅有林地、茂盛的田野、开满鲜花的草地以及大量的乔木和灌木，还有穿过荒野的蜿蜒小路、柳树中的洞穴、隧道和栅栏。花园里到处都有野生动物，如毛毛虫、蝴蝶、狐狸和獾等。孩子们会观察沙坑里动物留下的足迹，也会静静地看着鸭妈妈在茂密的草丛中孵蛋。他们还会在水池中嬉戏，操控喷泉水流，并挖掘一条流向沙坑的小溪。

在这里，大自然是儿童游戏的场景和内容，而不只是环境的装饰。当儿童融入大自然而非被动地观察它时，他们就会与大自然建立更深入持久的关系。园艺活动是儿童与大自然亲密接触并熟悉大自然的一种方式，他们可以积极地挖坑、栽种、浇水和收获劳动果实。

因此，在为儿童设计游戏区时，我们应该提供可挖掘的地块和花园，让儿童可以和成人一起种植蔬菜、水果、花卉、香草和香料。为儿童设计花园非常重要，正如福禄贝尔所说，要为每个儿童或每两个儿童提供一块土地，以确保他们能够积极主动地参与种植过程并收获自己的劳动成果，而不是看着他人种植。我们可以通过小路或蹚脚石把土地细分成小块，这样儿童在进行园艺活动时就不会踩到种植区。建造低矮的围墙，既可供儿童坐在或跪在上面，又可以用来放置盆栽或工具。提供高出地面的花坛或苗圃，以便坐在轮椅上或不能弯腰的儿童也能进行园艺活动，并能近距离地观察植物。在附近提供一个水龙头、软管以及一个存放园艺工具的区域，这样一来，儿童就可以独立浇水并寻找工具进行挖掘活动。此外，透明的堆肥箱也是必不可少的，有助于儿童观察生长、腐烂和再生的循环过程。

小池塘、喂鸟台、筑巢箱以及用原木或鹅卵石为小昆虫和两栖动物提供的潮湿、黑暗的栖息地等，都能让儿童在真实的环境中亲身体验大自然。

我还记得，我曾经和团队成员一起为儿童规划了一个新的户外游戏区。我们花了数天时间寻找能提供感官快乐并引发儿童兴趣的鲜花、灌木和乔木（见图4.7）。例如，我们既寻找其叶子和花朵有着有趣的纹理、颜色、图案、气味或味道的植物，如香蜂草和薄荷，又寻找名字富含隐喻和象征意义的植物，如羊耳朵[1]、流血的心[2]、驴蹄草[3]、牧羊人的钱包[4]和老人的胡子[5]等。

我们还寻找能为儿童的游戏提供一系列"道具"的植物，如谷穗、有趣的树皮、不同纹理的叶子等。多年来，观察儿童如何将这些植物用于游戏，是一件令人着迷的事情。儿童会采摘香蜂草的叶子，把它和水混合在一起制成"柠檬水"；把薄荷的叶子当作治病的良药，把挤压薄荷叶子产生的绿色液体当作"毒药"；把银扇草的种子当作钱、珠宝或食物；用硬硬的草根把花瓣串起来作为项链；把竹子当作鱼竿或剑；把薰衣草的花瓣、玫瑰花瓣与水混合在一起制成"香水"；利用花瓣、种子、树枝和石头拼摆图案或作画（见图4.8）。儿童把植物作为道具的例子不胜枚举！他们会关注植物的某些特征，如空心的茎、香味、毛茸茸的茎或柔软的质地等，并看到它们潜在的象征价值。罗宾·穆尔研究了儿童在游戏中将植物作为道具的情况并指出：

---

[1] 学名叫绵毛水苏，其叶子的触感和形状类似羊耳朵。——译者注
[2] 学名为荷包牡丹，形似心脏。——译者注
[3] 又名樱草，花朵为黄色，叶子形似驴蹄。——译者注
[4] 即荠菜，其种荚呈倒三角形，像欧洲牧羊人斜挎在身上的羊皮包。——译者注
[5] 学名为铁线莲，其种荚如同老爷爷花白而柔软的胡子。——译者注

第四章 户外游戏的空间与地方 087

图 4.7 植物的气味、图案、颜色和纹理能愉悦儿童的感官

图 4.8 儿童使用花瓣、叶子、种子、树枝、原木和石头拼摆图案和作画

植物的各个部分都能提供令人难以抗拒的感官刺激。颜色的微妙变化以及不同的气味和几何形状吸引着儿童的注意力，促使他们开始发挥自己的想象力。（1989，p. 4）

体验大自然变化过程的空间

当户外游戏区的材料能够吸引儿童关注风、雨、影、雪、冰、雾、摩擦力、重力等现象时，它们就可以增强儿童对大自然的体验和理解。年幼儿童对自然现象具有无穷的好奇心，我们可以从一个蹒跚学步的孩子第一次触摸雪时的惊讶表情中看到这一点，也可以从4岁男孩们源源不断的问题中感受到这一点，例如，他们会问："当我拔出塞子后，水去了哪里？""楼下会发洪水吗？"（后面这个问题出自一个居住在公寓中的男孩之口，当他看到雨水顺着室外的排水管流出时提出这个问题。）

透明的排水沟和落水管、地面上雨水径流以及沟渠和排水系统等，都可以让儿童更清楚地看到雨水落地后发生了什么，同时为他们提供了挖掘沟渠、修筑水坝和探索水流的机会。之后，暴雨改变了游戏机会。当用抽水泵抽取积水时，儿童可以借机探索吸力、力量和因果关系，并看到转动手柄与水量和水流之间的关系，即阿西（1990，p. 70）所说的"功能依赖性"。此外，水车有助于儿童探索水的力量、旋转，以及水的力量和水车旋转速度之间的关系。

有一所幼儿园为儿童提供了一个风向标、一个小风车，同时把风铃挂在树上。这些东西引起了儿童对风力、风向和空气流动的关注，并引发了他们的一系列问题，比如，"晚上风去哪里了？它在树上吗？""那是什么声音？是风在和树说话吗？"风也成为想象游戏的一个特征，儿童会对游戏伙伴说："我是风，我要用我的魔力把你吹走！"

赫林顿（2005a）概述了我们应该如何为儿童设计户外环境，以便他们不仅可以体验这些自然的变化过程,还可以拥有有趣的游戏空间和一个可持续的生态景观。

放飞想象的空间

想让它是什么就是什么的开放空间

当户外空间充满无限的可能性而不是摆满设施时,它就会激励儿童主动作用于环境,而不是对它原有的设计做出被动的反应。这样的户外空间也允许儿童创设自己的游戏场所。布罗德黑德(Broadhead,2004)对儿童的室内游戏所做的研究表明,相比预先准备好的主题式游戏区,"想让它是什么就是什么"的空间可以促进复杂的社会互动,因为这样的空间允许儿童协商和发展他们自己的游戏主题。布罗德黑德同时指出,开放性游戏能够促进儿童进行更亲密的身体接触,并加深他们之间的友谊。当儿童沉浸在自己的游戏主题中时,欢声笑语随之增多。儿童发起和维持的游戏主题通常包含恐惧、危险和威胁的元素,如"黑暗的洞穴""死了的鸡""过山车"等,而这样的主题不太可能出现在成人的计划表上!

在为儿童提供固定的游戏设施方面,"想让它是什么就是什么"的原则也同样适用。固定的户外设施好还是灵活的户外设施好,这仍然是一个颇具争议的问题。设计师们往往会提供仿真游戏设施,如火车、飞机、轮船、城堡等,也会根据主题(如海边)或儿童的故事,如《彼得·潘》[①](Peter Pan),提供一些设施。正如比尔顿(2002)所言,这样的设施通常更多地发挥了设计师的想象力而不是儿童的想象力。不过,儿童的想象力能把看起来逼真的物品想象成其他东西。游乐场设计师迈克尔·拉里斯(Michael Laris)在观察儿童如何使用他所设计的城堡后

---

① 该书的简体中文版已由辽宁少年儿童出版社于2017年出版。——译者注

指出，孩子们给他上了有益的一课：

　　我看到他们抬起城堡吊桥的吊臂喊道："起锚，我们要航行了。"航行？我的城堡去航行？此刻，我学到了重要的一课，即并不是由设计师来决定一件东西最终被如何使用，而是由儿童决定……这一观察结果让我明白了设计的关键是不需要那么写实，要更抽象，同时要提供各种各样的形状和材料，这样儿童就可以对它们进行各种各样富有想象力的解读。（2005，p. 16）

　　开放、抽象以及形状和材料多样，也是我们在为儿童创设户外环境时所依据的关键原则。正如我们在第二章中所探讨的，改变环境的是儿童而不是擅于预设的成人（Drummond，1999）。开放的、可改变的并拥有大量可移动的松散性材料的户外环境，为儿童放飞创造力和想象力提供了广阔的空间（见图4.9）。

图 4.9　开放的、可改变的并拥有大量可移动的松散性材料的户外环境，为儿童放飞创造力和想象力提供了广阔的空间

松散性材料

50多年前,英国建筑师西蒙·尼科尔森(Simon Nicholson)概述了他的"松散性材料"[①]理论。他认为,"在任何环境中,发明和创造的程度以及探索的可能性,都与环境中变量的数量和种类直接相关。"他指出,那些没有满足人类需求的环境,包括许多学校和游乐场,都不符合"松散性材料"的标准。尼科尔森(1971,pp. 30–34)认为,建筑师与建造者从设计和材料中获得乐趣,而儿童的乐趣和创造力却被"整洁、静态和没有游戏可能性的环境"偷走了。

户外环境应该具备大量的松散性材料,如原木、小石头、砖块、板条箱、盒子、梯子、木板、轮胎、防水油布、毯子等。儿童可以使用这些材料创设自己的游戏环境。比如,图4.10中的儿童花了整整一个上午用牛奶箱、木板和布搭建了一个小房间。他们将这个空间划分为厨房、客厅和卧室区域,然后用毯子覆盖在上面,营造出漆黑一片的效果。

使用松散性材料玩想象游戏,有助于儿童建立联系和发展可能性思维,而可能性思维是创造性思维的本质。福禄贝尔认为,"创造性表达因游戏材料的功能不那么具象明确而获得更大的发展"(Lilley,1967,p. 113)。我们可以从以下例子中看到这一点:

一群5岁的男孩和女孩,花了一个多小时在游戏屋制作"泥巴馅饼"。但是,制作泥巴馅饼的沙子是用一个纸袋从沙坑里运过来的,制作馅饼的水来自喷泉,制作馅饼的水果是木工区活动结束后的锯末,馅饼上的糖霜则是摇动旧洗衣粉罐子得到的。这个例子很好地说明了,操作性环境中的小物品对于想象游戏是多么重要。(Allen of Hurtwood,1968,p. 77)

[①] 松散性材料(loose parts),也被译为"开放性材料"。——译者注

图 4.10　儿童用牛奶箱、木板和布搭建了一个小房间

这个例子也说明，支持儿童建立联系并从广阔的区域收集和组合材料的户外环境是多么重要！

洞穴和庇护所

渴望创建小小的、温馨的、私密的空间，似乎是童年的一个特征，也是不同国家和文化中儿童游戏的共同特点（Moore，1986；Sobel，2002；Kylin，2003）。儿童通常会在"空余的地方"或"两个东西中间"创设自己的秘密空间，比如利用灌木丛搭建小屋、洞穴、城堡、营地等。这些小而秘密的世界是宁静的、有序的和让人内心感到安全的。它们让儿童得以保有隐私、想象和临时的所有权，是儿童觉得自己能够发挥能动性来创设属于自己的特殊之地和在世界上留下自己的印记的重要方式。这样一来，儿童就将空间变为一个地方，或者如伊迪斯·科布所声称的那样，"创造了一个世界，并在这个世界上找到一个地方来发现自我。"

虽然建造洞穴是6—11岁儿童的游戏特点，但在幼儿身上，我们发现他们也有类似的想待在洞穴一样的空间里的愿望。科比（Kirby，1989）绘制了26名学前儿童的行为轨迹图，发现他们把一半以上的游戏时间花在三个小庇护场所，而这三个空间只占他们全部游戏区的小部分。她发现，更丰富和更复杂的角色游戏通常发生在带顶的洞穴中，并且洞穴里有许多松散连接的小空间，有不同的入口和出口，在视觉上与周围更广阔的环境相连。科比的研究发现，洞穴的一个重要特征是里面的人能够看到外面，同时又不为外面的人所察觉。人工制造的洞穴如小房子，因为空间太开放和太容易被打扰，所以很少被儿童当作私密的空间。对儿童来说，创设和拥有私密的空间非常重要。因此，当前由成人主导的洞穴建造活动与这些研究证据相背离，是对这些童年秘密场所的入侵。

灌木、树枝低垂的大树（如垂柳）、繁茂的植物中间的空地、秘密的墙洞、棚子后面的空间等，都可以为儿童建造自己的洞穴和藏身之处提供必要的空间。这意味着教师要提前规划，在头脑里思考怎样种植灌木有利于儿童建造洞穴和藏身之处。比如，在图4.11中，种植一圈月桂树，从而创造了一个洞穴。这个洞穴环境的"可塑性"以及它所提供的大量道具和松散性材料，如树枝、树叶和鲜花等，都极大地丰富了儿童的游戏，儿童把树叶当作比萨，把石头当作鸡蛋。

这种在家中、花园里或当地社区创造自己的秘密空间的机会，在城市中严重缺乏。设计师在设计房屋、公寓和花园时很少考虑儿童在这方面的游戏需求。曾在成人的游戏记忆里留下深刻印象的小小地方，如楼梯下面、地下室、屋檐下的橱柜等，如今因为人们要最大化地利用空间而已经消失殆尽，这迫使儿童只能在高低床的下面、衣柜里或公寓楼的楼梯间等不具有多功能的地方游戏。在这种情况下，户外环境为儿童提供建造洞穴的空间，就变得更加重要。

图 4.11 种植一圈月桂树,从而创造了一个洞穴,并提供了大量的道具和松散性材料供儿童进行想象游戏

如果我们允许儿童塑造他们自己的世界,那么他们在成长的过程中就会知道和感受到他们能够参与塑造未来的大世界。(Sobel,2002,p.161)

运动的空间

运动是年幼儿童身体健康和学习的基础。玛格丽特·麦克米伦认为:

无论哪个年龄段的儿童都需要空间,但是对1—7岁的儿童来说,充足的空间就像食物和空气一样重要。动起来,跑起来,在新的运动中探索发现,用四肢感受自己的生命,这就是儿童的生活。(1930,p.11)

"用四肢感受生命"是需要一定的空间的。然而，户外空间往往被杂乱的设备填满，或被过度设计和布置，没有给儿童提供像飞机或超级英雄一样飞翔、像青蛙一样跳跃或者玩追逐"假想的强盗"游戏的机会。这些运动都需要开放的空间。儿童既需要私密幽静的隐蔽场所，又需要体验广阔的开放空间。

对儿童来说，运动机会的多样性非常重要，只有一个攀爬架的平坦游戏区为儿童提供的运动机会是极其有限的。相反，游戏区应该为儿童提供在不同的情境中玩各种各样运动的机会，如爬行、滚动、扭动、转弯、上举、下滑、摆动（荡秋千）、平衡、拳击、俯冲、击打、投掷、攀爬、走路、跳绳、跳跃、悬吊等。

平坦的地面虽然很重要，但崎岖的地面同样重要。菲乔托夫特（Fjortoft，2001）的研究表明，崎岖的地面可以发展儿童的平衡性和协调能力。野外为儿童提供了多样化的运动机会，比如，儿童可以在矮树枝下面爬行，从倒下的树干上爬过去，在树桩上保持平衡，从树桩上跳下来，跳到水坑里，从落叶上爬过去，努力走过泥泞的小路，从草坡上滑下来，等等。蜿蜒曲折的小路和踏脚石，需要儿童有控制地运动。横跨在崎岖地面上的小桥或栈道，为坐在轮椅上或拄拐杖的儿童提供了替代性路径。此外，小桥和栈道下面的空间还可以作为儿童的藏身之处。

吊在单杠上、荡绳子、爬梯子、把木板拉上斜坡再从上面滑下来等，可以发展儿童上半身的力量和敏捷性。可拖、拉、推的物体以及滑轮、绳索等，有助于儿童把重物提起来运输。开阔平坦的空间也同样重要，有助于儿童踢球、扔球、击球和让球滚动等。

运动与概念发展之间的紧密联系以及阿西（1990）关于图式的研究均表明，儿童要有机会做水平运动、垂直运动、对角线运动，也要有机会绕圈跑、穿过隧道、从桥上或桥下走过去、沿着木板走、从巨石中间走过去、藏在围栏中、跨越边界等。

安静的空间

安静、无声的空间和运动、喧闹的空间一样重要。年幼的儿童经常把户外当作一个独处的地方,一个陪伴他们度过安静时光或让他们深思做梦的地方。大自然本身就能引发人们的安静沉思或强烈迷恋。我们经常看到儿童在户外静静地注视着一只蜗牛或凝视着天空中移动的云朵。然而,随着儿童的生活被过度安排和愈加娱乐化,他们已经慢慢失去了做梦的时间。法国哲学家加斯东·巴什拉①指出,与之矛盾的是,我们的思想只有在安静无声时才能自由地漫游到一个世界,这个世界不再受物理边界的限制,而只受想象力的限制。

无论在哪儿,一旦我们停下来一动不动,我们就会在一个无边无际的世界里做白日梦。事实上,无边无际就是静止不动的人的运动,它是安静时做白日梦的动态特征之一。(1994,p. 184)

狭小的半隐蔽区域、座椅、可坐可躺的舒服的草地、吊床、摇椅,都可以为儿童提供安静的地方,让他们平静下来、做梦、观察以及发现与他人的亲密关系。

社交和建立亲密关系的空间

我们所能给予年幼儿童的最珍贵的礼物是社交空间,或者说隐私,这是我们人类所必需的空间。(Opie & Opie,1959,p. 16)

---

① 加斯东·巴什拉(Gaston Bachelard),法国哲学家、诗人。他认为,与理性世界相对立,亦可对其形成补充的是一个由诗意想象及其象征物构成的世界。——译者注

意大利瑞吉欧·艾米莉亚幼儿园所依据的一个关键设计理念是"关系空间",即空间如何促进儿童与儿童以及儿童与成人之间的关系(Ceppi & Zini,1999)。不同的空间布局将会引发不同的互动和关系。例如,狭小的空间、圆形的凹地或围起来的场地、灌木之间或灌木后面的空间、桥下面的空间以及顶上有遮挡的洞穴、圆柱形大桶等,都能让友谊之花绽放,因为这些地方通常是秘密的、隐藏起来的,所以是假装游戏的丰富场所。

户外场地上的座位为儿童提供了休息、交谈和互动的空间(见图4.12)。当座位面朝里放置时,它们将鼓励儿童进行更多的交流和互动;当座位面向外摆放时,比如围着一棵大树摆放,那么它们为儿童提供了坐下来观察他人游戏的机会(但根据我的经验,儿童很少坐在这种座位上,更多的是把它们当作一种游戏资源,或者把它们当作一个绕圈跑和探索绕圈跑时自己既在别人"前面"也在别人"后面"等有趣现象的好地方)。

图4.12 座位为儿童提供了休息、交谈和互动的空间,座位下面则为儿童提供了躲藏的空间

观察，远非一个被动的活动，而是儿童为了了解游戏并最终加入游戏、建立友谊而主动采取的一项重要策略。事实上，正如鲁宾（Rubin，1983）的研究所揭示的，成功的游戏参与者通常对游戏的主题、角色和人物很敏感，并通过先前的观察与游戏"同频"。因此，在设计户外空间时，应该提供能让儿童在游戏区旁边观察的社交空间。低矮的墙头、台阶和特意摆放的原木，可以为儿童和成人提供合适的"栖息之地"。

成人和儿童的亲密关系空间

户外不仅仅是进行冒险和探索的地方，还是建立亲密关系的空间。正是与成人之间这种亲密而安全的关系，支持儿童自信满满地去探索，并在有需要时再次回到他们所信任的成人身边。观察在户外玩耍的学步儿，我们发现，他们在游戏之余会时不时地瞅一眼父母或老师，好像在确认："在这里探索是安全的吗？你在关注我所关注的事物吗？"儿童是具有社会性的人，他们需要与有爱心、幽默风趣、能够积极做出回应的成人分享自己的兴奋和好奇。游戏区可以通过为成人和儿童提供小空间，如吊床、摇椅、可坐可躺的草地或甘菊花地等，支持他们建立亲密的关系。可供成人与儿童一起嬉戏、翻滚、捉迷藏的空间，也是发展师幼亲密关系的重要场所。过于柔软的塑胶地面或冰冷的柏油路面则不利于引发这种亲密、有趣的互动。

动 态 空 间

精心设计的游戏区，不应该是固定和僵化的，而应该是变化和发展的，是随着儿童和成人使用意图的改变而不断"生长"的。动态空间会随着游戏情境的变化而变化，它不是固定的或完结的，而是能够"生长"和变化的。动态空间不会局限于"此时此地"，而是允许想象力跨越时间和空间的边界。它既鼓励儿童和成人做自己空间的设计者，又支持他们为游戏创设有意义的场所。

最重要的是，游戏区的结构和形式应该为未来的发展留下最大的可能性空间，因为游戏区真正且最重要的设计者应该是它的使用者群体。（De Carlo，1997，p. 107）

户外空间设计如何影响儿童的使用

空间设计与儿童的游戏、儿童的空间使用之间存在密切的联系。尽管这是一个很难研究的领域，但已有的研究证据支持上述这一观点。赫林顿（1997）报告说，他曾为加拿大的一家婴幼儿日托机构重新设计户外游戏区。这一跨学科项目旨在利用景观理论中有关经验、秩序、和谐和场所的知识，将儿童的社会性、情感和感知运动发展理论转化为不同形式、质地与风貌的景观。

在这家婴幼儿日托机构中，婴幼儿花园的中央是一个圆形沙堆，可以供婴幼儿挖掘、倾倒、滚压、塑形和拍打沙子。这个圆形不仅提供了一种围合感以及一个与其他区域相连的公共空间，还营造了一种神秘感和挑战感，因为婴幼儿要努力越过沙堆才能到达另一边。沙堆上方的遮阳设施能够捕捉风的运动，并鼓励婴幼儿倾听和观察。花园被划分成若干块，以促进婴幼儿的客体永久性概念的发展，并丰富他们的游戏体验。花园周围种了一圈松树，为婴幼儿触摸和感受大树提供了丰富的感官环境，松树的果实还可以作为婴幼儿游戏的材料。花园里还包括一个制作薄雾的场地，场地上放置了专门供婴幼儿控制的细雾发射器，以鼓励婴幼儿触摸、感受和移动自己的身体。

研究发现，当游戏区从平坦的草地变为花园后，婴幼儿变得比以前积极了，会更充分地利用整个空间，而且坐着不动的时间也比以前少了。对视频片段的系统分析表明，踏脚石和沙堆后面的"神秘地方"等设计元素，吸引婴幼儿走到了花园中。婴幼儿会使用更多的自然材料玩游戏，他们的操作变得更加复杂多样。值得注意的是，在这个重新设计的花园中，婴儿与成人进行了更多的游戏互动（Herrington，1997）。

这个例子说明，户外游戏空间设计是如何促进或限制儿童的游戏和学习的。在设计户外空间时，最基本的原则是，空间设计应与我们所认为的儿童游戏和学习的重要元素之间存在密切的关系。

第五章

花园还是森林

正如我们在第三章中所讨论的,具有字面和隐喻双重含义的"花园"一直是幼儿园户外环境的显著特征。然而,近年来,另一种形式的户外环境——森林学校——迅速崛起。一提到"森林",我们的脑海中就会浮现出一幅完全不同于"花园"的画面,它意味着一个更加粗犷、更多风险、更加可怕、更少限制和更少人工痕迹的空间。

森林学校为儿童提供了完全不同的景观。无论天气如何,3岁及以上的儿童都会在教师及森林学校负责人的陪伴下,每周花半天或更长的时间待在当地的森林中。他们在森林里玩耍、爬树、探索小溪和池塘、蹚过泥地、从泥泞的斜坡上滑下来、建造洞穴、生火以及使用如锯子和刀等真实的工具。

森林学校的基本原则之一是,"立足于儿童个体先天具有的学习动机和积极的学习态度,为儿童提供冒险、做出选择和发起学习的机会。"森林学校的目标之一是培养儿童的自信和自尊(Doyle,2006)。

在成人的视线之外游戏

在森林中,教师鼓励儿童远离成人的视线,自由地漫步和冒险。在第一次去森林之前以及期间,教师会和儿童一起玩"1,2,3——你在哪儿"的游戏。游戏中,教师会躲在附近的灌木丛中或大树后,儿童在喊"1,2,3——你在哪儿"之后开始寻找教师。儿童必须仔细地倾听教师的回答,通过声音而不是身影来确定他们的位置。

这是一个有趣的,但暗含着一个重要目的的游戏。它给所有儿童提供了一个应对迷路或因看不到成人而感到焦虑等问题的策略。帮助儿童克服对迷路的极度恐惧,是森林学校强调赋能儿童以及培养儿童自信心和自我效能感的一部分内容。家长反馈说,儿童甚至会在超市的过道里喊出同样的"游戏口令",这表明他们将这一策略应用到了其他情境中。

放 飞 想 象

森林学校里没有玩具和设备,自然景观就是游戏的资源和道具,因此,儿童必须发挥他们的想象力来使用自然景观。森林本身、童话故事和民间传说为儿童提供了灵感,比如,他们可以玩"大灰狼"的游戏,盖房子躲避大灰狼,或扮演仙女和妖精。在下面这个5岁孩子的想象中,小矮妖①是这样的:

小男孩发现,他很难一边往头上戴羊毛帽子,一边把想象中的小矮妖握在手里。我建议他在戴上帽子前,把小矮妖放进帽子里保护它的安全。他想了想,然后告诉我把小矮妖放在帽子里这个点子很好,"因为小矮妖精力充沛,不会拉屎或小便。"这个想法可能源自"森林里没有厕所"这一现实!(Keating,2002)

儿童会把环境中的原木、木棍、冷杉果、树叶、树枝和泥土等变成他们想要的任何东西。例如,我曾观察到一群孩子把一片灌木丛当成房子:

这是我们的房子,是吧?

是的,这里是前门。(指着灌木丛中的一个缺口)

是的,这儿丁零,丁零!(指着附近树干上的凸起并模仿发出铃声)

---

① 爱尔兰民间传说中的一个人物。——译者注

不，我们假设门坏了，没人能进来，只有邮递员派特叔叔①的信可以送进来。

［游戏继续进行，孩子们把信（树叶）通过灌木丛中的一个小缺口塞进去。过了一会儿，灌木丛中的这个缺口又变成售卖冰激凌的窗口，冷杉果则被当成冰激凌］。

另一个观察案例表明，儿童受一棵倒了的（死了的）树的启发，把它的树干和树根当作一辆需要修理的"破"汽车（见图5.1）。

图5.1　儿童把一棵倒了的树的树干和树根当作一辆需要修理的"破"汽车

---

① 《邮递员派特叔叔》（Postman Pat）是英国颇受欢迎的儿童节目，该动画片主要讲述了邮递员派特为小镇居民送信和帮助他人的故事。——译者注

变　化

　　自然环境为儿童提供了亲身体验自然的机会，因此他们能了解和理解季节的变化，能观察到一个熟悉的空间时而以微妙的方式，时而以剧烈的方式变化着。例如，儿童在旭日森林幼儿园项目中体验到，池塘是如何从一个可供玩耍的地方"变成一个需要穿雨靴的深坑，再到一个被冰覆盖的区域，之后变成一个泥泞的地方，最后消失不见的——'是被冰怪用吸管吸走了'"（Proud，1999）。儿童观察和了解大自然、四季的变化，并开始尊重自然法则。

尊重自然，尊重危险，尊重儿童

　　"尊重"一词在有关森林学校的文献中频繁出现。尊重森林环境，尊重自然，尊重火或水所固有的危险，尊重儿童并相信他们在成人的支持下能够学会控制风险。在森林学校中，儿童没有被屏蔽在危险之外，他们不只是看着成人生火、搭帐篷或做饭，还被认为有能力安全地掌握这些技能。英国萨默塞特郡桥水森林学校的创始人戈登·伍德尔（Gordon Woodall）认为：

　　只有当你限制儿童使用"危险"的东西时，才会发生事故。不允许儿童靠近火，他怎么能尊重火呢？（转引自 McConville，1997，p. 17）

生 火

对森林学校的儿童来说,生火是非常重要的第一手经验,因为他们在日常生活中不太可能接触到火。儿童通过收集木头来帮助成人生火。他们在成人的鼓励下寻找木头,比如寻找五根像他们的手臂那么长、像他们的手指那么粗的木头。他们会学习如何仔细倾听不同的断裂声,以区分活树和枯木。当他们为做饭寻找树枝时,他们会寻找易折且耐烧的树枝。当他们需要搬运一根长树枝时,他们意识到只有协作和互相帮助才能完成任务。

接触火是一种令人兴奋的感官体验。木头燃烧时发出的噼啪声和气味、跳动的火焰、烟雾缭绕等,都让儿童感到震撼。火是既迷人又可怕的。通过接触火,儿童将了解物体发生的变化、蒸汽和烟的区别,以及热能对烹饪材料如棉花糖或面包的影响(见图5.2)。儿童也会看到水对火的作用,还可以收集木炭用来绘画。他们还会了解火的危险,并把这一认识与自己的家庭生活经历联系起来。

儿童需要成人教他们掌握一些必要的安全技能,例如如何接近火源、永远不要背对着火等。他们也需要成人一对一地指导他们使用锋利的小刀削木头,包括:如何拿着小刀,让刀刃远离身体所需的动作和角度,等等(见图5.3)。当儿童看到成人使用真的工具时,他们从成人身上学习安全使用工具的方法。这些与福禄贝尔所提出的"学徒"模式——儿童向有能力的成人学习——具有强烈的共鸣(Lilley,1967)。

讽刺的是,在一个以规避风险为特征的社会中,森林学校这种具有挑战性和潜在风险的环境却似乎深受家长、教师和社区的欢迎。这可能反映了教师重视与家长进行有效的对话,对话内容既包括带领儿童去森林前做的充分准备工作,又包括儿童对森林学校经历的热情回应。

第五章 花园还是森林 107

图 5.2 接触火是一种令人兴奋的感官体验，既迷人又可怕

图 5.3 掌握用锋利的小刀削木头的技能，需要成人对儿童进行一对一指导，包括：如何拿刀，让刀刃远离身体所需的动作和角度，等等

是怀旧情结和不合时宜吗

森林学校是否在宣扬一种怀旧的、浪漫的、理想化的童年愿景，而这一愿景与生长在科技社会中的儿童几乎没有关系？有些人可能会问，削木头、生火或者锯木头对当今21世纪快节奏的城市生活有什么用？丹麦人类学家伊娃·古洛夫（Eva Gullov, 2003, p. 28）认为，人们对森林幼儿园有一种"怀旧感"。她对丹麦的40所幼儿园进行了人种学研究，并根据这一研究结果指出，人们在如何看待儿童以及应该将儿童安置在何处等问题上存在相当大的模糊性和不确定性。她说："儿童与父母分离，与成人生活分离，与城市生活分离，被汽车带到另一种社会愿景（森林学校）。"

她质疑森林幼儿园的教学目标，质疑诸如生火、盖小屋或做果酱等活动与让儿童为入学或未来的成年生活做好准备之间的相关性，并认为这些活动应该属于过去的时代。

与自然的联系，与社会早期生产生活形式的联系，可以被看作是对当今童年生活的一种否定，不是某种压制，而是一种政治立场，一种讨论将儿童安置在何处时发出的积极声音。说得极端一些，儿童理应有其童年时代，但在现代社会却没有童年的立足之地。（Gullov, 2003, p. 28）

古洛夫在这里谈及的是丹麦社会，可以说，丹麦社会对什么造就"美好"的童年已经有了较为清晰的认识。然而，在英国，人们对儿童以及儿童的处境的看法更加模糊和不确定，一方面儿童被认为是脆弱的、易受伤的，需要被保护，需要成人一直密切地看护他们；另一方面，儿童又被认为是具有自我管理能力的个体，有能力了解和管理风险。当儿童被公共汽车带离日常生活和社区，到那些用栅栏围起来把"陌生人"拦在外面、把儿童关在里面的秘密地点，以便体验曾经被视为童年不可或缺的自由和机会时，这一做法本身就具有一定的模糊性。

从这个角度看，可以说，森林学校正导致儿童日益被社会边缘化，使儿童远离他们的主流生活，而没有解决"为什么儿童在生活的其他领域很少有这样的机会"这一问题。

"学习什么"与"通过什么学习"

我认为，古洛夫之所以认为森林学校有些怀旧和不合时宜，是因为她没有理解森林学校运动的目标、本质和它所依据的教学原则。首先，森林学校的课程不只是让儿童学习如何生火、搭帐篷或爬树，还让他们通过这些体验来学习。森林学校将培养儿童的自信心、抗逆力、独立性和相互依赖性。例如，在森林学校中，学习克服因迷路或看不到成人而产生的恐惧并知道该做什么，这是对儿童的巨大赋能。爬树时小心谨慎——"这根树枝能承受我的体重吗？"（见图5.4）。把同伴从泥里拉出来或移动一根大木头，需要同心协力和团队合作。生火做饭时，儿童会学习因果关系、管理风险和为自己的行为负责。儿童运用想象力把21世纪的生活带入森林，森林中的空地就会变成一个空间站，树桩则成为火箭发射台。

抗逆力和策应力

其次，古洛夫的观点阐述了"今日的童年"与"明日的教育和生活"之间的紧张关系。然而，面对21世纪的生活，如果我们有一件事情可以预测，那么就是它的不确定性和不可预测性以及快速发展与变化，这要求人们能够灵活应变、适应力强，同时具有创新力和创造力。学习应对不确定性，"在不知道做什么的时候知道怎么做"（Claxton, 1999, p. 11），

图 5.4 爬树时需要小心谨慎——"这根树枝能承受我的体重吗?"

不怕犯错,有信心去尝试,克服恐惧,发展抗逆力和策应力,等等,这些似乎是学习"工具箱"中的基本元素。我认为,森林学校一点都不过时,也谈不上怀旧或者不切实际,相反,它完全适合为一个不确定、不可预测的世界"量身打造"健康的、有能力的以及具有抗逆力、策应力和想象力的儿童。

有证据支持吗

在英国,有关森林学校的研究很少,但相关评估研究表明,森林学校能够对儿童的健康和发展产生重大影响。

默里和奥布赖恩(Murray & O'Brien, 2005, p.6)的一项研究表

明，参加过森林学校的儿童：

- 自信心增强了；
- 合作能力提高了；
- 更能意识到自己的行为会产生什么样的后果；
- 动机和注意力提升了；
- 身体耐力得到了改善；
- 增进了对环境的理解和尊重。

以上发现来自一个行动研究项目，该研究运用了自我评估法和个案跟踪法。当然，我们很难确定，参与森林学校对儿童这些方面的发展到底具有哪些具体的贡献。然而，这项研究证明了儿童、家长和教师对森林学校有着非常积极的看法，也证明了森林学校对儿童生活和学习的可能影响。值得注意的是，这项研究发现，不仅儿童可以从森林学校中有所收获，教师和家长也能从中受益。教师在一种完全不同的情境中观察儿童，因此获得对儿童的新看法和新理解，进而与儿童建立更亲密和更信任的关系。森林学校也产生了一种涟漪效应，比如，儿童会把他们的森林学校经验和兴趣带到家庭中，要求父母周末带他们去森林里玩儿。

来自挪威自然幼儿园的证据

进一步的证据来自挪威的研究。在挪威，自然幼儿园已经成为托幼机构体系的一部分。在自然幼儿园里，3—6岁的儿童全天或一天中的大部分时间都会在户外森林中游戏。格雷恩（Grahn，转引自 Fjortoft，2004）研究了这些自然环境对儿童游戏的影响并指出，与传统的游乐场相比，这里的游戏更复杂、更具创造力，蕴含更多的社会性交往，同时有更多不同年龄和不同性别的儿童混合游戏。儿童之间的冲突减少了，关系得到了改善。研究人员还发现，在自然环境中玩耍的儿童的体能提高了，生病缺勤率降低了。

在历时一年的系统研究中，菲乔托夫特（2004）对两组儿童进行对比研究。其中，一组儿童使用森林环境，另一组儿童使用人工建造的环境和更传统的游戏设施，如秋千、沙坑、跷跷板、滑梯和攀爬屋等。她使用欧洲体能测试表（European Test of Physical Fitness），比较两组儿童的运动发展水平并发现，那些使用森林环境的儿童其运动能力的各个方面都得到了快速提高，两组儿童在平衡性、协调性、力量和敏捷性测试方面存在显著差异。

菲乔托夫特（2001）认为，动态、粗犷的自然环境对儿童发起了更大的挑战，需要儿童进行更广泛的运动，从而促进运动能力的发展。相比传统的可预测的游戏场地，森林环境中的不可预测性和不平坦的地形、高高低低的障碍物以及不同的攀爬高度等，为儿童提供了更多的机会去测试自己的身体极限，以及运用自己的身体做更多样的运动。例如，爬树需要儿童灵巧地调整身体，以适应树枝间的不同空间；需要儿童小心谨慎和暂时不动，同时慢慢地施加压力来测试树枝的承受力；也需要儿童调整身体动作，以便从不规则的树枝的上面、下面或中间钻过去。固定的攀爬架则只在栏杆与栏杆之间提供了明确且有规则的空间，因此是完全可以预测的。正如丹麦景观设计师赫勒·内比朗（Helle Nebelong）所说：

当攀爬网的网眼与网眼之间或者梯子的每一级与每一级之间距离完全相同时，儿童在攀爬中就不需要留意把脚放在哪里。然而，这种经验不能被迁移应用到我们一生中所处的凹凸不平、不对称的环境中。（2004，p.30）

富有挑战性的游戏机会

森林景观为儿童提供了富有挑战性的游戏体验，并且这些体验随着季节的更替而变化。例如，冬季被冰雪覆盖的斜坡，可以供儿童进行不同难度的滑行挑战。如图 5.5 所示，"孩子们采用不同的滑行方式比赛谁滑得快，包括：躺着滑、趴着滑、脚朝下滑、头朝下滑等"（Fjortoft，2001，p. 14）。厚厚的积雪不仅让儿童更容易爬树（见图 5.6），而且为他们提供了建造游戏屋和洞穴以及堆雪人的机会。

菲乔托夫特客观地陈述道，这些5—7岁的儿童每天会花一两个小时在幼儿园围栏外的这一富有挑战性环境中玩耍。在这一环境中，他们可以自由地探索离幼儿园最近的区域，但要到更远的地方去就必须由成人陪同。我们难以想象，英国的孩子也可以在这样积雪很厚、富有挑战性的环境中，远离成人的视线自由玩耍。这反映了不同的文化对童年、玩耍和冒险的看法截然不同。挪威的幼儿园似乎非常重视具有挑战性和创造性的游戏，并且对儿童掌握身体技能的能力抱有很高的期望。

背后的价值观至关重要

森林环境蕴含丰富的潜能，关键是儿童和成人如何使用它。因此，其背后的理念和价值观是根本与基础。从这个意义上说，森林学校运动不仅关乎儿童的游戏场地，更关乎儿童观和童年观问题。它将儿童视为有能力、好奇心强、敢于冒险和富有想象力的个体。挪威的自然幼儿园似乎更强调想象性、创造性和合作性游戏，而英国的森林学校似乎更强调识别户外的潜在课程价值。我们甚至可以从它们的名字——"幼儿园"和"学校"——中看出它们的不同侧重点。

图 5.5

冬季被冰雪覆盖的斜坡,可以供儿童进行不同难度的滑行挑战

第五章 花园还是森林 115

图 5.6

厚厚的积雪让儿童更容易爬树

不过，其背后的价值观才是核心。因为，森林学校也有可能成为教师带领儿童在大自然里散步的过程中教他们识别动植物，并嘱咐他们不能离开成人视线的地方。显然，森林学校的这一使用方式反映了教师对儿童和教学的截然不同的假设。

我们能从森林学校学到什么

可以说，森林学校的许多显著特点并不是"新事物"，而是幼儿园悠久保教历史和进步主义教育的一部分。然而，莫斯和皮特里（Moss & Petrie，2002，p.132）指出，在某种程度上，我们正在重申观点——"我们在历史上一个特定的、有着自己独特的社会组织结构的时期这样做，为人们重新思考儿童和社会之间的关系提供了一个新的、独特的场所"。我认为，森林学校可以为当代儿童提供开放的野外空间，并让他们有机会接触大自然以及了解和管理在日常生活的其他方面所无法体验到的风险。

尽管英国的森林学校运动正蓬勃发展，但是儿童使用森林环境的机会仍然非常有限，而且存在地区差异。与丹麦和挪威的自然幼儿园不同，英国儿童去森林的时间也受到限制，他们每周只能去一次，每次半天。当前，森林学校面临两种危险情况：一种是森林学校被视为一种补偿——为儿童提供他们在生活的其他方面所体验不到的东西；另一种是儿童在森林学校的经历与他们在学校或幼儿园的经历相冲突。英国罗汉普顿大学早期教育研究专业的本科学生在参观森林学校时注意到，森林学校的理念与儿童所在园所中贫乏和缺乏挑战性的户外游戏环境之间形成了鲜明的对比。

尽管保持森林学校环境的独特性至关重要，但是我们也需要密切关注我们能从中学到什么。

- 森林学校强调了环境的重要性，而这种环境不仅可以拓展儿童的第一手经验，而且为儿童提供了在真实、有意义的情境中学习的机会。
- 森林学校对儿童的能力抱有很高的期待，并给予儿童适宜的指导。同时，它们证实了"将儿童视为有能力的学习者"这一儿童观的重要性。长期以来，幼儿园一直认为儿童可以安全地学习使用真正的工具，如木工工具和园艺工具，就像20世纪50年代和60年代的冒险游乐场运动所主张的一样（Allen of Hurtwood，1968）。
- 森林学校表明，拥有各种不同地形的野外自然景观能够促进儿童开展丰富的想象性和创造性游戏，因为儿童会根据自己的想象使用自然景观和自然材料。因此，儿童不一定需要预先确定好用途的高结构设施和玩具。
- 我们不需要针对某一特定年龄段的儿童调整环境，因为儿童会从环境中选择与他们有关的、具有挑战性的、对他们来说特别有趣的内容。
- 只要有合适的服装和热情的成人，儿童就可以在户外享受各种季节和天气并从中获得学习。根本不存在坏天气这回事。
- 在成人的支持和指导下，沉浸在大自然中的儿童将能够学会尊重自然，理解自己在自然界中的地位，并开始明白生物之间的联系。

要让森林学校不只是某些儿童生活中的一个短暂存在，我们就需要考虑如何让森林学校中的某些要素在不同的园所中成为儿童经验的一部分。这意味着我们要学习和采纳森林学校运动的基本原则，并思考自然游戏空间以及冒险和挑战的机会如何成为所有幼儿园户外游戏环境的重要组成部分。这一点对那些不得不使用塑胶安全地面玩塑料玩具的儿童来说，尤为重要。

森林幼儿园

我们与其把儿童"带到"森林中,不如借鉴斯堪的纳维亚①模式,把幼儿园"安在"森林中。例如,苏格兰最近通过的一项提案是,利用"国家彩票计划"的资金帮助一名儿童保育员在森林中开设英国第一所露天幼儿园。这所名为"秘密花园"的幼儿园将"不会提供一般城市幼儿园常见的游戏和设备,比如塑料跷跷板、具有缓冲作用的乙烯基地板、消毒过的积木等。课程聚焦于在大自然中漫步、养鸡、爬树、玩泥巴和种植蔬菜。儿童的游戏场地就是森林,他们的庇护所是一个由藤条、树枝编织而成且外面涂了一层泥巴的'圆面包形'建筑,并且附带一个户外厕所"(Carrell,2006)。但是,有人可能会好奇,儿童将如何体验并学习珍视建筑环境,以及在城市幼儿园里的时光呢?

当前,用森林来比喻儿童所处的环境(比如给儿童创设森林般的环境)似乎是一种日益普遍的现象,它挑战了过去许多年来大量出现的人造、塑化和过于干净的环境。我认为,我们应该鼓励幼儿园占用一些花园用地来种植森林,让森林所特有的更天然、更具挑战性和冒险性特点成为幼儿园花园秉持的重要哲学理念。

---

① 斯堪的纳维亚半岛位于欧洲西北角,包括挪威、瑞典等国家。——译者注

第六章

户外游戏：冒险与挑战

活着就存在一定的风险，越有活力，风险越多。（Henrik Ibsen①）

  关于小时候的户外游戏经历，令我记忆最深刻的就是在户外做的那些可怕的事情，比如：大着胆子在潮湿、黑暗、半废弃的防空洞里行走；攀爬枝丫极度弯曲的大树；或者把硬币放在铁轨上并骄傲地展示被压扁后的它们，将其作为"勇敢"的证明。让我迄今难忘的是1962年的那个冬天，我和小伙伴们把雪橇拉到一个最高、最陡的斜坡上，然后以令人震撼的速度滑下来。在每次滑之前，我们都假装很恐惧，并为自己的"葬礼"挑选鲜花，毕竟，这项活动是如此危险，我们有可能"一命呜呼"！事实上，我们感到自己正处于安全与危险的分界线上。我们总是维持着这一不稳定的状况，当游戏变得过于安全时，我们会改变玩法，增加额外的挑战。

  我确信，我不是唯一拥有这样回忆的人。在研讨会上，我的学生和幼儿教师们通常会分享许多类似的例子。是什么驱使儿童选择做这些可怕的事情？是什么驱使儿童选择享受身体挑战带来的刺激和兴奋？为什么儿童要夸大事情的可怕性，并乐此不疲地通过大肆渲染可能的风险和在未来几天或几周内不断地讲述"可怕的"经历来进一步吓唬彼此？与真实的世界不同，在游戏中，儿童会特意追寻这些可怕的经历并一遍遍地重复它们。对危险的描述越夸张，游戏带来的乐趣就越大。

---

① 亨利克·易卜生（Henrik Ibsen），挪威戏剧家，欧洲近代戏剧的创始人。他的作品强调个人在生活中的快乐，无视传统社会的陈腐礼仪，其代表作有《玩偶之家》（*A Doll's House*）等。——译者注

眩 晕 游 戏

  上述游戏与凯洛伊丝所说的"*ilynx*"游戏或"眩晕游戏"有一些相似之处，其特点是"试图暂时破坏知觉的稳定性，给原本清醒的头脑造成一种令人快乐的恐慌"（2001，p.23）。*ilynx* 是希腊语，意为旋转的水。眩晕游戏通常具有这种自由旋转、令人兴奋和感到刺激的特点，比如不停地旋转直到头晕眼花，或者非常兴奋地从草坡上滚下来。儿童进入一个黑暗的小屋关上门，并假装害怕地尖叫，是另外一个例子。它也说明儿童正在故意给自己造成"令人快乐的恐慌"，在假装害怕中暂时破坏知觉的稳定性。它与儿童因真正怕黑而产生的身体紧张、谨慎惶恐完全不同。凯洛伊丝认为，这样的游戏能带来醉人的快乐，并在发展友谊、促进同伴关系和增强社会凝聚力方面发挥重要作用。她指出，露天游乐场的飞车、滑雪和赛车项目是成人玩的眩晕游戏形式。除此之外，还有蹦极、高空跳伞、滑索等。然而，儿童玩眩晕游戏的很多机会已经被成人经营的主题公园游乐项目取代，如过山车和其他令肾上腺素激增的游乐项目。这些项目虽然给儿童提供了坠落、旋转或转圈的感觉，且伴随着尖叫和"令人快乐的恐慌"，但没有任何真正的危险。

  因此，这些娱乐项目与儿童的游戏之间存在着天壤之别。比如，坐过山车不需要任何技能，有人在控制着过山车。当然，儿童需要具备一定的胆量和勇气去尝试它，但实际上是不存在任何风险的。游戏中的冒险则能够让儿童展示自己的能力，需要儿童对危险和安全做出即时的判断，也需要儿童制订一定的计划和预见。总之，一切皆在儿童的掌控之中，儿童的安全取决于自己的所作所为。儿童在游戏中犯的错误可能与取得的成功一样有趣，比如，雪橇栽倒在雪中，逗得每个人都哈哈大笑。同时，它们提供了即时的反馈，可以让儿童改进技巧。如果儿童所有的刺激都是诸如过山车之类的游乐设施带来的，那么他们就会放弃这种控制权，只能依赖他人的风险评估和安全记录。

什么是冒险游戏

斯蒂芬森（2003，p. 36）研究了新西兰幼儿园中的冒险性运动游戏理念，她对儿童普遍使用"可怕"这个词以及他们故意寻找可怕的事情来尝试的现象很着迷。她指出，对一个4岁儿童来说，冒险的体验包含以下三个重要元素：

- 尝试以前从未做过的事情；
- 经常因为高度或速度而感到处于"失控"的边缘；
- 需要克服恐惧。

她指出，滑滑梯和荡秋千可能令儿童感到可怕，因为它们结合了高度和速度两个元素。通常，儿童会通过给自己设置额外的挑战来增加游戏的风险或可怕程度（见图6.1），例如，使用泡沫板增加从滑梯上滑下来的速度，或在滑梯上安装一个便携式隧道增加从滑梯上滑下来的难度。

尝试做结果并不确定的事情，也是冒险行为所具有的一个特征，它需要儿童具备一定的"胆量"。例如，在摇摇晃晃的桥上或者更不稳定的物体上保持平衡，把一只又冷又湿的蜗牛放在手心里，或者伸出手去抚摸一只兔子等都具有很大的风险，因为它们的结果是不确定的。同样，有些游戏也被认为是冒险的，例如：在建构游戏中，添加一块砖后，建构物就有倒塌的风险；在打闹游戏中，一个孩子的行为被另一个孩子以错误的方式"解读"的风险很高。取笑别人和开玩笑也冒着一定的风险，因为结果未知。从这个角度看，大多数想象游戏都包含冒险的元素，因为这类游戏的一个特点就是不确定和不可预测，因而也是有风险的，需要儿童具有高水平的协商能力。

第六章 户外游戏：冒险与挑战　123

图6.1　通常，儿童会通过给自己设置额外的挑战来增加游戏的风险或可怕程度

什么是风险

利特尔（2006）把风险定义为结果不确定的行为。它包括对行为带来的益处与行为可能产生的不良后果的考虑，以及对成功或失败的概率的权衡。

林登（Lindon，1999）对风险与危险进行了区分。她认为，危险是一种可能造成伤害的物理情形。风险是这种危险发生并有人因此受到伤害的概率。然而，几个世纪以来，风险的概念已经发生了变化。许多评论家认为，风险这个词最初是在中世纪使用的，指的是在海上航行中发生灾难和事故的可能性（Lupton，1999）。这种观点把风险看成"天灾"，是不受人类控制的。后来风险变成赌博中计算概率的一个数学公式，用于预测赌博游戏中某些操作的潜在损失和收益。它试图将科学计算，也就是一种确定性成分，带入一个靠运气取胜的游戏中。对概率的认识，有助于我们权衡风险与收益。

不过，目前风险的概念与概率几乎没有关系，正如道格拉斯（Douglas，1992，p. 24）所说，现在对大多数人来说风险就意味着危险。高风险意味着高危险。尽管有证明表明，儿童被陌生人伤害的概率极低，而且这一事实在近十年来几乎没有发生变化，但是家长们不太可能因此而动摇他们的"认知"。对"陌生人危险"的看法和恐惧是如此强大，以至于统计数据和概率对家长来说几乎没有意义。正如杰克逊和斯科特所说（Jackson & Scott，1999，p. 93），这是买彩票的悲观版本——"中奖的可能是我"。虽然只是有可能"中奖"，但是人们更倾向于通过消除风险来减少这种不确定性。贝克（Beck，1993）认为，我们的社会已经成为一个被风险焦虑困扰的风险社会。富里迪（Furedi，2002）认为，我们生活在一种恐惧的文化中。正如我们在第一章中所述，由于这种恐惧氛围的影响，儿童的自主性减少了，他们很少有机会在无人监督或远离成人视线的情况下玩耍。

然而，人们对风险的认识显然是存在问题的。风险不是绝对的，现实中没有风险这回事，只有对风险的认知。风险是由社会建构的，在一种环境或一种文化中可以接受的风险在另一种环境或文化中有可能不被接受；对一个儿童来说可接受的风险对另一个儿童来说可能是危险。此外，性别起着重要作用，因为研究表明，父母更容易接受男孩的冒险性行为（Morrongiello & Hogg，2004）。于是，风险被纳入有关某一事物是否适合儿童的价值观问题中。我在研讨会上经常通过照片来引发大家的讨论。那些展现儿童爬得很高、从陡峭的滑梯上滑下来或生火的照片，引发了激烈的争论，大家围绕"是否可以接受儿童在幼儿园体验这些活动"这一问题发表了自己的见解。一名来自加纳的学生回忆了自己3岁时在成人的信任和帮助下在篝火上做饭的经历。一名来自英国的学生认为，她完全不能接受自己幼儿园的孩子生火做饭。

其他人不同意她的观点，列举了儿童在户外妥善使用火烹饪的例子。这样的交流，挑战了我们对儿童在一个支持性的社会环境中能够做什么和管理什么的期望。

必要的安全，还是尽可能的安全

不仅"风险"这个词是有问题的，安全的概念也有问题。大多数幼儿园在陈述自己的办园目标时都会提到安全，比较典型的一句话是"我们的目标是为儿童的学习与发展提供安全可靠的环境"。然而，不同的人对"安全"这个词的理解是不同的，这取决于他们的儿童价值观、童年价值观以及他们对儿童和童年的看法。什么是安全可靠的环境？是把儿童"用棉絮包裹起来"，保护他们免受任何可能的伤害，从而让他们一直依赖于成人的环境吗？可以说，这样的环境不可能是安全的，因为它不能提供挑战，剥夺了儿童发展安全技能的机会，并带来另一个更大的潜在风险，即造成一代要么胆小退缩要么鲁莽的儿童。

创设所谓无风险的环境，其危险之处在于，由于儿童没有机会展示自己的能力，成人对他们的期望可能一直很低，而一个对儿童的期望很低和规避风险的文化可能导致枯燥、乏味的环境，在这样的环境中，成人将聚焦于控制与管理那些经常爬上墙头寻找刺激和挑战的儿童。

如果环境过于安全，那么保证儿童安全的最终目标就不能实现。我认为，一个安全的环境并不是指让儿童免受所有可能的伤害，而是让儿童可以安全地探索、实验、尝试和冒险。这样的环境不能声称自己是安全的，因为意外总是有可能发生，但能声称自己将提高儿童的风险意识和风险管理能力作为其理念的一部分。正如英国皇家预防事故协会（Royal Society of Prevention of Accidents，RoSPA）某一次会议的标题，安全的环境应该提供"必要的安全，而不是尽可能的安全"。

我们所崇尚的健康和安全文化，正面临着越来越大的挑战，因为人们日益强调儿童户外游戏场所中冒险和挑战的重要性。那么，现在的天平是否向一方倾斜得太厉害呢？朱迪丝·希克斯和约翰·希克斯（Judith Hicks & John Hicks）认为，有关儿童健康和安全的立法在很大程度上是一件好事，远非人们所认为的负面现象。他们指出，"在英国，目前似乎很流行的一种趋势是，我们淡化了儿童游戏空间潜在的致命性或致残性风险"（2005，p. 10）。他们反对游戏安全论坛发表的一份关于风险的立场文件，特别是这一表述——"体验游戏场地上存在的真正风险，为儿童提供了有益的学习经验和对刺激的追求"（Play Safety Forum，2002，p. 3）。他们认为，这样的表述表明了一种日益增长的趋势，即人们淡化甚至容忍儿童游戏场地上有可能给儿童造成伤害的已知风险。他们挑衅般地建议道，"人们可以考虑采取一些措施，比如推迟修复损坏的护栏、取消禁止小狗在游戏场地便溺的限制等"（2005，p. 211）。

希克斯夫妇的建议是无用的，因为很显然，无论是被损坏的设备还是被小狗便溺的游戏场地都不但不会增加游戏的价值，反而会影响儿童的游戏。但是，从这种明显的观点冲突中，我们发现了一个严肃的问题，即户外冒险游戏面临的真正危险是，像希克斯夫妇这样数十年研究游戏设施设计和游戏场地安全的专家的声音，在当前鼓励户外冒险游戏的行动中缺失了。毫无疑问，户外游戏场地中的潜在危险应该被消除，比如游戏设备上的缝隙和开裂的木质滑梯，因为前者有可能导致儿童的头部或四肢被困住，后者的危险是儿童无法预见的。显而易见，相关专家数年来一直在观察儿童使用设备的情况并分析以往发生的事故，这对我们理解户外的风险和安全极其重要。那些对儿童游戏的益处有着浓厚兴趣并潜心研究的人士，与那些研究游戏是儿童受伤根源的人士之间存在巨大的鸿沟。他们之间需要开启一场对话，以便大家都能更好地理解游戏的益处和风险。

为儿童提供了必要安全的环境，会设法消除没有价值的危险元素，同时积极地鼓励儿童冒险和提升儿童的风险意识,并接受:意外事故是儿童游戏的内在组成部分,冒险是儿童游戏价值的一部分。

为什么玩冒险游戏

人们在讨论风险时所存在的问题是,把风险作为一个消极的概念来关注,而很少强调在游戏中冒险的益处。游戏中的风险可以被衡量,事故率可以被计算,但冒险的益处不容易被量化。年幼儿童的游戏和冒险的价值,并不总能被人们充分地认识和理解。然而,如果他人要求我们阐述支持冒险性、挑战性游戏的理由,那么我们必须能够为它辩护。已有证据表明,冒险与儿童学习的关键领域相关。

首先,冒险是生活的一部分。能够评估和管理风险是我们必须掌握的生存技能。作为成人,我们会权衡特定活动的风险和益处,然后决定怎么做。例如,当我们选择去滑雪时,我们知道有骨折的风险,但我们仍然决定去滑,因为滑雪带来的乐趣、兴奋、幸福以及它对健康的益处值得我们冒这个潜在的风险。事实上,这项活动的潜在风险或许才是它吸引人的核心所在。

当儿童学习爬行、站立、奔跑、骑自行车以及了解身体与世界的关系时,磕碰、擦伤、跌倒和摔伤都是学习的一部分。我们如果不想屈服于极度的焦虑或死于鲁莽,就必须培养、练习与改进评估和管理风险的技能。正如莫斯和皮特里所说:

冒险是人类活动的固有特征,如果儿童不去冒险,他们就会与生活中的一部分重要内容切断。人们通过体验风险来学习评估和管理风险,并开始了解如何在积极和消极的结果之间取得平衡。(2002,p. 130)

其次,冒险与儿童的健康、学习之间存在正相关。冒险让儿童在自己能力的边缘学习，打破边界，拓展极限，增加机会（见图6.2）。维果茨基（1978）指出，我们应该把注意力集中在儿童即将能做到的事情上，即"萌芽中"或正在萌发的技能和认知，而不是发展后的"果实"。他认为，儿童在他人的鼓励和帮助下能够做到的事情，很快就能独立做到。冒险推动儿童走得"更远"，拓展他们的极限。游戏中的冒险能够

图6.2

冒险让儿童在自己的能力边缘学习，打破边界，拓展极限，增加机会

促使儿童改变熟悉的事物，尝试新的想法。例如，当儿童掌握了骑自行车的技能后，他们就会开始尝试难度更大的动作，如腾空而起的特技动作。在成人的支持和鼓励下，儿童可以学习新的技能，获得新的成就，特别是身体残疾的儿童，有权体验风险和挑战：

所有儿童都需要并且想要冒险，以探索极限，尝试新的体验，并发展自己的能力……身体残疾的儿童需要同等甚至更多的机会去冒险，因为他们有可能被剥夺了一般同龄人所享有的选择的自由。(Play Safety Forum，2002)

再次，美国心理学家卡罗尔·德韦克[①]的研究表明，"掌控感"、"我能行"的态度、愿意尝试和冒险都是有效学习者的重要特征。她将"掌控型"儿童（即具有强烈的自我效能感，享受挑战而非回避挑战的儿童）与"无助型"儿童（即缺乏毅力、抱着"我不行"的态度容易放弃的儿童）进行对比研究。她的研究表明，积极的掌控倾向是成功学习的关键（Dweck，2000，p. 7）。

最有趣的是，她发现这些倾向不只是儿童的个性特征，还会因环境和周围人的态度而得到发展或受到抑制。很明显，当所处的环境不鼓励儿童冒险时，当周围的成人充满焦虑和恐惧时，他们不太可能培养儿童的坚持不懈倾向，也不太可能鼓励儿童将挑战视作享受而非恐惧的事物。

如果儿童总是成功地完成简单的任务，那么这对他们解决困难任务是没有帮助的。如果障碍总是被清除，那么它就不能教会儿童在面对障碍时坚持下去。（Dweck，转引自 Claxton，1999，p. 35）

[①] 卡罗尔·德韦克（Carole Dweck），现为美国斯坦福大学心理学教授，是动机、人格和发展心理学领域公认的杰出学者之一。提出了成长型思维模式理论，代表作有《终身成长：重新定义成功的思维模式》(*Mindset: The New Psychology of Success*)等。——译者注

英国社会科学院院士、"构建学习力"理论的提出者盖伊·克拉克斯顿（Guy Claxton，1999）认为，冒险是有效学习者的"工具箱"的组成部分，培养儿童的抗逆力和冒险意愿对于他们坚持不懈地挑战非常重要。

最后，游戏中的冒险与儿童的情绪健康、抗逆力和心理健康呈正相关。英国心理健康基金会的一项研究指出，游戏中缺乏冒险元素正在对儿童的幸福感和抗逆力造成伤害，导致越来越多的儿童患有心理健康问题，需要专业人士的帮助。该研究报告称，"无人监督的游戏能促使儿童冒险、深思熟虑后做出决定、增强自信心和具有更强的抗逆力"（UK Mental Health Foundation，1999，p. 36）。户外游戏可以发展儿童与同伴而非儿童与成人的相互依赖关系，因为儿童之间必须互相照顾来预见和处理不可预知的情形。控制恐惧和不确定性，以及当感觉处于失控的边缘时保持冷静，对儿童的情绪健康至关重要（见图 6.3）。

图 6.3　参与冒险活动，有助于培养儿童的积极倾向和"我能行"的态度

然而，如果你认为儿童的冒险活动都是积极的，那么就大错特错了。显然，年幼儿童可能会从事一些不适宜的冒险行为，而这些行为近乎鲁莽轻率，将他们自己或他人置于有可能受到伤害的境地。我曾看到一个4岁的孩子努力把一辆婴儿车拽到滑梯的台阶上，然后试图把一个比他小的孩子放进婴儿车里，再把那个孩子和车子都推下滑梯。很明显，无论这个想法多么富有创意，它都具有潜在的危险。在这个例子中，教师干预了，他允许这个4岁的孩子把空婴儿车推下去，看着它翻滚出滑梯撞到地上。这一经历为教师与儿童一起认真思考和讨论"假如……将会……"提供了机会。儿童需要自己评估风险，但他们缺乏这方面的经验，因此有时需要更有经验的同伴和成人来帮助他们。这样一来，我们就把自己的经验和远见"出借"给他们，以帮助他们自己评估风险。显然，小心谨慎是一个优秀的冒险者需要掌握的策略。儿童不仅通过亲身体验来学习这一策略，还通过与成人一起工作来学习，例如向成人学习如何安全地使用工具。

冒险不仅指身体上的冒险。当儿童试图加入一个既定的游戏时，他们正在进行社交上的冒险，即冒着极有可能被同伴拒绝的风险，他们需要使用一些策略才能加入游戏。当一个蹒跚学步的孩子离开信任的成人进入一个未曾探索过的新领域时，他正在进行情感上的冒险。儿童不一定在所有领域都有能力进行冒险活动，比如，能进行身体冒险活动，但不一定能进行社交冒险活动。但是，某一个领域的冒险行为所带来的自信心，能够影响其他方面的发展。尽管没有多少确凿的证据表明身体上的冒险与愿意在其他方面冒险之间存在因果关系，但我们可以推测，两者之间可能存在某种联系。例如，创造力需要一定的冒险能力，即愿意超越常规、公认的事实和既定的思维模式。克拉克斯顿认为，要想具有创造力，就必须"敢于与众不同"。科学的假设也需要儿童进行推测，愿意放飞自己的想象力，对意想不到的事情感到兴奋，追求刺激和挑战而不是接受既定的事实。

户外游戏危险吗

担心儿童在户外游戏时发生严重的事故,这一点并没有相关证据支持。英国的学校或公共游戏场地上每三四年会发生一例死亡事件,虽然任何一例死亡事件都是巨大的不幸,但我们必须把它放在"每年会有五六百名儿童因在家中或者大街上发生意外事故而死亡"这一背景中来看待。事实上,儿童因游戏场地上的意外事故而死亡的事件极少,所以我们很难确定它与户外游戏之间存在任何因果关系。大多数游戏场地上的事故后果不过是割伤、擦伤和碰伤,只占英国所有事故和急诊入院数量的2%。儿童在交通事故和家庭事故中受伤的可能性要比在户外游戏中高出很多倍(Ball,2002)。

这并不是说我们对户外游戏的低事故率自鸣得意,而是说我们对户外游戏的风险和可能造成事故的原因有了更充分的了解。例如,尽管媒体高调宣传要重视户外游戏的安全,以及政府在游戏场地的安全方面投入了大量的资金,但在过去十多年间,游戏场地上的死亡事件并没有明显下降。同时,也有一些证据表明,儿童上肢骨折的数量增加了,这可能是由于安全的地面所带来的"麻痹效应"或让儿童产生了虚假的安全感,导致儿童认为安全的地面能够缓冲他们的落地,于是不顾一切地从高处往下跳(Ball,2002)。与足球、橄榄球、曲棍球和板球等运动造成的损伤相比,游戏场地上的事故也是最轻微的。但是,因为这类运动在人们心中比户外游戏具有更高的地位,所以儿童受伤被认为是不可避免的,也更容易被社会接受。

在审阅了英国健康与安全执行局(UK Health and Safety Executive)的一份报告后,鲍尔(Ball)得出以下结论:

与其他活动和场地相比,英国的游戏场地并不像人们有时候所暗指的那样,是发生危险的温床。那么,这就提出了一个问题,为什么游戏场地的安全一直是一个如此突出的问题？一个貌似合理的答案是，游戏场地的风险是人们依据与社会运行有关的因素而非批判性分析，做出的一种文化上的选择。（2002，p.61）

相 信 儿 童

对风险的焦虑可能是现代社会的普遍特征，但对儿童安全的担忧早在19世纪就已经是一个非常突出的问题。福禄贝尔论述了一位家长对孩子爬树的担忧：

我们如果还记得自己童年时摆脱周围环境的限制向外张望的快乐心情，就不应该全然不顾孩子的感受大喊："快下来，你会摔下来的。"儿童会通过环顾四周、仔细观察和调整身体姿势，保护自己不从高处跌落，并看到与日常全然不同的事物。因此，我们难道不应该给这个小男孩一个机会，让他开阔眼界，进而拓展思维和感受吗？

"但是，他会鲁莽行事，我会一直为他担心。"

不会的，我们一直训练孩子要逐渐发展自己的能力。因此，他只在现有能力的基础上多尝试一点点，他会安然无恙的。当这个小男孩不了解自己的力量以及爬树对力量的要求时，他反而会超越自己的经验去冒险，从而让自己陷入意想不到的危险境地。（Froebel，转引自 Lilley，1967，p.126）

在上面这段对话中，有趣的一点是，福禄贝尔关注的不是爬树带来的风险，而是爬树对儿童学习的好处。他指出，爬到高处不仅让儿童产生快乐和自由的感觉，还让他们有机会了解高度和视角，拓展思维和对世界的感受，以及积累有助于在未来保障自身安全的经验等。他认为，有了经验，儿童就会认识到自己的局限性；在信任的成人的帮助下，他们会安全地探索而不是鲁莽行事。他认为，儿童是有能力的而不是无能的。

福禄贝尔是浪漫主义运动的一员。浪漫主义认为童年是自由的、天真的、自然的，鼓励儿童穿过田野和树林在山坡上漫步，也鼓励他们爬上峭壁和探索洞穴。浪漫主义认为，儿童在童年时期接触潜在的风险和危险是生活的一部分，而不应该远离它们。游戏中的自由是指给予儿童做事的机会，而不是免受事物的伤害。我们要信任儿童。信任儿童需要我们了解他们的能力、他们的信心，并愿意让渡一些控制权。信任儿童传达了我们对儿童意图的尊重，以及我们愿意与他们一起分担责任。例如，信任儿童能够使用水管把水盆或戏水池装满水、安全地搬运设备、使用真正的工具（见图 6.4）、帮助生火等，这会让儿童建立必要的自信心、发展能力并知道如何保障自身安全。

要种刺荨麻吗

英国罗汉普顿大学福禄贝尔学院雷德福德之家幼儿园的一名课程协调员在室外开辟了一块地用来种植刺荨麻，并认为刺荨麻是城市儿童应该了解的东西。刺荨麻适合年幼的孩子吗？我向一群学生提出了这个问题，但没有预料到随后的辩论会如此激烈！大家的观点出现了两极分化，一种观点认为让儿童受到伤害是对儿童的漠不关心，另一种观点认为不帮助儿童体验生活是对儿童的漠不关心。虽然这个问题的答案没有简单的对与错之分，但是它确实让我们开始审视自己的童年观。幼儿园应该消除所有可能造成伤害的源头，不惜一切代价保证儿童快乐，还是应该把童年看作一个通过亲身体验（包括风险）来学习的时期，并将风险视为生活的一部分因而也是幼儿园的一部分？过分强调快乐将会导致一个过度保护的环境，从而将童年时期正常的绊倒、摔倒、碰撞和擦伤

第六章　户外游戏：冒险与挑战　135

图 5.4

信任儿童能够使用真正的工具并教他们掌握安全使用工具的技能，一直是幼儿园的一种传统

屏蔽在外，致使儿童体验不到冒险的快乐。

我认为，儿童在幼年时期需要学习的一个基本生存技能是了解触摸或食用某些植物是危险的。同时，在确定哪些植物可以用来安全地体验之前，小心谨慎和成人的指导非常必要。因此，在幼儿园的户外种植一片刺荨麻是完全可以接受的事情，它既能够促使教师和儿童就此展开讨论，又能让儿童通过亲身体验来获得学习。然而，在游戏环境中种植有毒的植物是不可接受的行为，因为它们会给儿童带来危险。教师可以在

带领儿童去野外考察时认识和讨论它们。

这在实践中意味着什么

尽管人们很容易把户外冒险游戏机会不足的矛头指向决策者、规划师、父母及健康和安全官员等人，但为儿童创造更多冒险游戏机会的关键还是那些从事儿童工作的人。斯蒂芬森（2003）指出，儿童对身体挑战活动的渴望，更多的是通过幼儿教师的态度而非供给本身得到满足的。例如，享受户外时光、对运动游戏感兴趣以及采取敏感而开明的监督方式的幼儿教师，将鼓励儿童去发现有一定风险的挑战，但又不会将儿童置于危险的境地。

这就需要幼儿教师自信、敏感、了解儿童的游戏、熟悉每一个儿童，也需要一种支持性框架来帮助幼儿教师为风险和挑战创造各种可能性。有关幼儿教师风险观念的研究表明，当幼儿教师在户外环境中与儿童一起活动时，他们会表现出相当大的"风险焦虑"，以及对事故、责任和可能发生的诉讼的恐惧（Tovey，2006）。在某些园所中，阻止儿童冒险可能是控制这种焦虑的一种方法。然而，其他园所则公开地鼓励和赞扬冒险游戏，比如图文结合地展示儿童的冒险游戏、给予支持性的政策、与家长建立密切的关系等。一位教师说："我们有一张很大的海报，上面写着'这里鼓励冒险游戏'。我们希望孩子们在冒险时感到安全……我们也告诉家长，我们不能保证事故不会发生。"（Tovey，2006）

最近的法律判决表明，人们的态度可能正在改变。以斯科特勋爵（2004年汤姆林森诉康格尔顿区议会案）的这句话为例——"当然，儿童的生活乐趣会带来一些发生意外事故的风险，但这并不是将枯燥、乏味的安全制度强加于每个人的理由"。游戏安全论坛（2002）已经发表了一个政策声明，明确支持游戏可以为儿童提供可接受的风险水平。它得到了律师以及健康和安全执行局的认可,为幼儿园制定有关风险和安全政策提供了有用的框架。

对实践的启示

首先,幼儿园团队内部迫切需要讨论冒险和游戏的问题。如果团队成员对户外冒险游戏没有达成一致的认识,彼此之间没有建立信任感,那么教师就会感到焦虑和孤立无援。"如果教师团队不能一起承担风险,不能就困难的问题进行讨论或一起创新,那么允许儿童去冒险就会变得更加困难。"(P. Elfer,2006)幼儿园团队也有必要与家长和更广泛的社区成员讨论,包括景观设计师、规划师以及健康和安全官员等。

其次,评估和管理风险是一个复杂的、多层面的工作。它需要幼儿教师和游戏提供者对儿童游戏的性质以及每个儿童的能力有充分的了解。那么,他们从哪里学习这些技能呢?如果我们想培养自信的、愿意冒险和挑战的儿童,那么我们就需要培养自信的成人。他们对冒险和游戏问题有更深入的认识,远远超出了对一个狭隘的"健康和安全议程"的理解。这对幼儿教师培训工作有着重要的启发。

再次,当接纳"冒险是游戏和教学的一个基本特征"时,幼儿教师就需要更深入地了解儿童的意图,以拓展而非制约儿童的游戏。这对儿童游戏的各个方面都有积极的益处。创造有关风险和安全的语言,可以帮助儿童更好地理解风险,并掌握安全做事的方式。对于这一点,我们将在本书第八章中进一步探讨。

最后,我们如果拒绝为儿童提供冒险的机会,就有可能培养一代要么鲁莽地追求刺激和兴奋,要么规避风险、没有信心和技能来保证自身安全以及缺乏冒险精神和创造性思维倾向的儿童。正如克拉克斯顿

（1999，p. 41）所说："鲁莽的探索会危及生存，但一直拒绝探索未知事物也会危及生存。"

有一天，紧包在花蕾里的风险，会超过鲜花绽放的风险。（Anais Nin[①]）

[①] 阿娜伊斯·宁（Anais Nin，1903—1977），出生于法国，死于美国；西班牙舞蹈家；女性日记小说家，被誉为现代西方女性文学的开创者。——译者注

第七章

户外自由游戏

就其性质而言,游戏很难被准确定义。儿童的游戏具有不可预测性和不确定性,这使得人们对游戏的思考变得更加困难,有时甚至会令那些喜欢"整齐有序"的人感觉不适。在一个充斥着标准、测量结果、目标和质量控制的文化中,游戏显得格格不入。

幼儿教育先驱者们都极其重视"自由游戏",但是这一概念在20世纪80年代遭到了西尔瓦(Sylva,1980)和赫特(Hutt,1989)等研究人员的广泛批评。他们发现,儿童的许多游戏不但没有挑战性,反而是低水平、单调、短暂和重复的。尽管支撑他们研究项目的方法论和理论观点有待商榷,但是我们不难发现,某些幼儿园的户外游戏具有类似的特点。

他们的研究引发了对儿童的游戏施加更多结构的要求。英国在1996年出台的《预期学习结果》①以及1999年作为其修订版出台的《早期学习目标》②和2000年出台的《基础阶段课程指南》试图更精准地识别儿童游戏的学习成果,并具体地阐明儿童从游戏中学到了什么。这些文件的出台并没有什么错,毕竟如果我们声称儿童在游戏中学习,那么我们就需要辨识并与他人交流这种学习可能是什么。

然而,游戏的语言已经发生了变化。许多作者已经不提游戏或自由游戏了,而是防御性地使用"有结构的游戏"(structured play)、"有目的的游戏"(purposeful play)、"精心计划的游戏"(well planned play),甚至教师"主导的游戏"(directed play)。尽管很多幼儿教育工作者使用

---

① 英文全称为 Desirable Learning Outcomes。——译者注
② 英文全称为 Early Learning Goals。——译者注

"自由流动的游戏"（free flow play，Bruce，1991），但官方文件中很少提及"自由游戏"的概念。这使得人们的注意力从儿童在游戏中做了什么转向成人在游戏中做了什么。我认为，与游戏语言的变化相伴随的是人们对游戏缺乏信心。所以，幼儿教育工作者越来越多地通过参考课程目标来证明游戏的合理性。例如，参考数学课程目标，如形状、分类、匹配、计数和钱币等，证明精心计划的户外商店游戏是合理的。我们似乎对游戏越不确定，就越想把它转化为清晰可见的学习目标。在户外商店游戏中，儿童或许可以很好地学习数学知识，但是他们很可能会拿走食物，把食物放进包里或手推车里，带着它在游戏区走来走去，也可能打开精心准备的包装，讨论谁是店主，抑或是把这个游戏彻底变成一个小偷、看门狗和警察的故事。正如邓恩（Dunn，2004，p.26）所观察到的，对儿童来说，购物游戏远比再现现实生活中的常规事件更令人兴奋和"无序"；它也有可能变成灰姑娘的故事，甚至随着游戏者们去月球而结束。这会让成人对儿童的游戏感到绝望，并敦促儿童"好好游戏"。然而，儿童的游戏是没有条理和不可预测的，它从一个主题转变为另一个主题，其结果是不确定的。似乎越是预先计划和设计的游戏，成人就越会因儿童偏离计划而感到失望。

对游戏本身价值的不确定，以及对讨论游戏时的用语缺乏一致的认识，会导致一些关于游戏的集体困惑。西拉杰-布拉奇福德等人（Siraj-Blatchford et al.，2006，p.85）在就威尔士的《基础阶段》[①]实施情况所做的一份中期评估报告中提出了同样的观点，该报告指出，使用"游戏""自由游戏"和"有结构的游戏"等术语造成了混乱，并建议对这些概念做进一步的澄清。那么，这些游戏概念意味着什么呢？

[①] 英文全称为 Foundation Phase，是威尔士为3—7岁儿童开发的适宜性课程。——译者注

有结构的游戏

有结构的游戏是指,如果游戏是由成人预先组织好的,那么它在某种程度上更缜密,更有可能产生所期望的学习结果。事实上,所有的户外游戏都是以某种方式来组织的。比如,它是由幼儿园的物质和文化环境、员工的价值观(无论是隐性的还是显性的)、时间和空间的安排方式以及提供的资源来组织的。正如麦考利和杰克逊(McAuley & Jackson,1992)所说,这些隐性的结构强有力地决定了未来会发生什么。

西尔瓦和布鲁纳(Bruner)在20世纪80年代指出,结构是材料和活动本身的特征。他们认为,结构化的材料和活动,如建构材料、艺术活动和拼图游戏等,是最具挑战性的;沙、水等非结构化材料以及户外开放式资源,缺乏明确的目标结构,因此不会挑战儿童的思维。

然而,阿西对结构提出了一个截然不同的观点。在她看来,结构并不存在于材料中,而是存在于每个儿童的思维中。她指出,"外在物体没有认知结构,认知结构是思维的一个特征"(1990,p.33)。她认为,结构是指儿童思维的基本结构,通过儿童的重复性行为模式或图式显现出来。通过识别儿童的这些思维结构或"持续关注的模式"(1990,p.363),成人可以运用有价值的课程内容来丰富它们。例如,当儿童表现出强烈的旋转图式时,成人可以带领他们参观风车,并在花园里提供诸如水车之类的资源供他们探索。

美国的幼儿教育家嘉辛·佩利(Gussin Paley)也从一个非常不同的角度提出,结构是儿童游戏所固有的特点。她认为,儿童在游戏中会运用一种强大的社会建构方式——故事结构——来组织和思考经验:

最不具有结构性的活动(幻想游戏)……是如何保证儿童最专注于某一个主题的学习的?答案是,幻想游戏并非是最不具有结构性的活

动,尽管这种结构不是由教师提供的,但孩子们用最可靠的结构——故事——来思考一切。(1990,p.92)

阿百和佩利都认为游戏已经由儿童组织好了。他们需要的是有见识的成人注意、观察并追随游戏本身的基本结构,并以缜密而有价值的方式拓展它们。

既然游戏本身已经具有结构,那么成人还有必要"预先组织"游戏吗?成人的参与,是将儿童的游戏引向更复杂、更持久、更严谨的方向。"早期有效教学研究项目"(Researching Effective Pedagogy in the Early Years,REPEY,2002)已经证明,由敏感的成人与儿童之间的互动所支持的自由游戏,提供了一个特别丰富的学习情境。结构,似乎既可以存在于一个游戏中或在游戏开始之前强加给游戏,也可以随着参与者的游戏建构而形成。塞斯蒂尼(Sestini,1987,p.29)认为,后者会带来更丰富、更具挑战性的游戏。

当教师经过深思熟虑选择和准备的游戏资源能够激发儿童的兴趣和想法,能暗示关系和联结,并大体上关注到儿童的普遍兴趣、他们所关心的事物和他们的已有理解时,当教师保持敏感且愿意花时间去理解和发展儿童的游戏主题时,他们就可以为儿童游戏的开展提供一个丰富的环境。

教师主导的游戏

游戏……教师主导?这里似乎存在着一个矛盾。人们普遍认可的游戏特征是:游戏是儿童自由选择的,是由内在动机驱动的(Garvey,1991,p.4;Bruce,2004,p.149)。有时,游戏可以由教师发起,但要继续开展,就必须让儿童有一种参与感。所谓教师主导的游戏,是指教师对儿童的游戏过程和游戏方向持有控制权，因此它不再符合游戏的标准。荷兰学者赫伊津哈（Huizinga）在其经典著作《人：游戏者》①（*Homo Ludens*，1950）一书中提出，"一切游戏都是自愿的活动。按照命令来玩的游戏已不再是游戏，它充其量是对游戏的一种强制性模仿。"

尽管如此，"教师主导的游戏"这一概念在幼儿教育文献中还是占有重要的地位。例如，莫伊尔斯（Moyles，1989，p. 16）认为，自由游戏应该与教师主导的游戏交替进行，这可以丰富"随后的自由游戏"。这种模式的危险在于，儿童"随后的自由游戏"越来越多地模仿成人的想法，不再拥有其自身的能量和动力。成人可以教授技能、提供相关的信息和拓展儿童的思维，但这与主导儿童的游戏全然不同。

对儿童游戏的研究揭示了儿童主导和协商自己游戏的能力及复杂方式，在同一游戏中，儿童可以在导演、演员和叙述者的角色之间自如地转换。儿童制订计划、进行协商和做出妥协的能力会得到发展，因为他们要商定游戏角色、游戏内容和游戏情节，并决定游戏的进程和方向。在协商时，游戏通常会暂时停止（Trawick-Smith，1986）。由成人主导或支配的游戏则会削弱这些正在发展的重要能力。

有控制的游戏

已有证据表明，幼儿教育工作者对游戏的表述并不总是与他们的行为相一致，这使得与游戏有关的问题以及我们用来谈论游戏的词汇变得更加复杂。例如，波拉科（1992）根据自己对美国日托机构的观察，提出了"有控制的游戏"这一概念。尽管儿童的游戏在某一时段或许可以被称为"自由游戏"，但实际上它是由教师控制和主导的。教师因过于

---

① 该书的简体中文版已由贵州人民出版社于1998年出版。——译者注

担心忙碌不停的儿童的安全，于是一直"徘徊"在儿童的身边和干扰他们的游戏。

我开始将教师对儿童安全的这种担心理解为教师的焦虑反应，是他们对自由开展的非结构化游戏进行监控的一种尝试。将一种明显的结构强加给"自由游戏"，这在教育上显然是矛盾的做法。但是，隐藏在"担心儿童的安全"这一合理理由下的结构，却以一种在教师看来为社会所接受的方式，把"自由游戏"有效地转变为"有控制的游戏"。（Polakow, 1992, p. 64）

虽然这种"隐藏的结构"不为人们所见，但它对儿童的游戏有着巨大的影响。波拉科的观点也提醒我们，某些标榜关注自由游戏并得出结论的研究，可能根本不是在研究自由游戏，而是在研究完全不同的东西。

精心计划的游戏

英国的《基础阶段课程指南》里使用了"精心计划的游戏"一词。例如，该文件指出，"精心计划的游戏，是儿童在快乐和挑战中学习的重要方式。"这表明有计划而且是精心计划的游戏与"自由游戏"有着本质的不同，它意味着精心计划的游戏更缜密、更具挑战性。

它暗示着游戏是由教师计划的。但是，精心计划的游戏到底意味着什么？显然，户外环境有许多方面都需要教师仔细计划，如资源、第一手经验、空间和时间等。此外，教师参与游戏以及与儿童互动的策略也需要计划。但是，游戏的本质是自发性和不可预测性，游戏不可能由成人预先计划。儿童发起、计划和协商自己的游戏，在付诸行动之前，他们会花很多时间进行规划。显而易见，成人在帮助儿童计划和协商游戏过程中起着重要作用。例如，特拉威克-史密斯（1998b）建议教师在游戏中示范适宜的谈判和计划策略。然而，我怀疑这并不是"精心计划的游戏"一词的含义。精心计划的游戏存在的危险在于，游戏的进程和方向已经由教师决定。当教师计划了一项有明确学习成果的活动时，那么活动的"成功"将取决于这些学习成果的实现，相应地，教师会将更多的注意力放在这些学习成果上，而这往往以牺牲儿童的更多兴趣为代价。

随着新的《早期基础阶段》[1]的出台，关于游戏的语言再次发生了变化。其实践指南更加强调"自发游戏"并指出，幼儿教育工作者"应基于儿童的自发游戏提供精心计划的体验"（Department for Education and Skills[2]，2007，p. 7）。幼儿教育工作者被敦促观察和反思儿童的自发游戏，并在此基础上通过计划和提供资源来创设一个具有挑战性的环境。在所强调的内容上发生的这种微妙转变，更接近"自由游戏"的概念。

自 由 游 戏

苏珊·艾萨克斯认为，"当游戏真正自由且属于儿童时，游戏对儿童来说才是最有价值的"（1929，p. 133）。然而，自由游戏的概念在20世纪80年代遭到了批评。有研究者发现，它根本不具有挑战性，往往是漫无目的、短暂和"低水平"的。西尔瓦（1980）和赫特（1989）等人认为，自由游戏缺乏结构，尤其是缺乏成人持续的参与。他们指出，户

---

[1] 《早期基础阶段》（Early Years Foundation Stage，EYFS），是英格兰政府以"给父母最好的选择，给幼儿最好的开始"为宗旨建立的早期基础教育体系，也是英格兰0—5岁婴幼儿学习、发展与保育标准，它从学习与发展、学习与发展评价、安全与健康三个方面对0—5岁早期教育提出了法定标准、评价要求和结果期待，描绘了英格兰地区高质量早期保育教育机构实践的图景。——译者注

[2] 即英国教育与技能部。——译者注

外游戏"完全展现"了游戏的漫无目的、短暂和"低水平"特点，建议教师"减少"这类游戏。根据我的经验，不难发现，在那时的一些幼儿园中游戏的地位很低，教师采取"不插手"、放任自流的态度。他们把户外游戏与消遣混淆了，让儿童自行使用设备和材料玩耍，不受成人的干预。

然而，这是自由游戏的真正含义吗？可以肯定的是，它与艾萨克斯、福禄贝尔所倡导的自由游戏理念几乎没有相似之处。人们的某些困惑是由"自由"一词的使用造成的。通常，它被解释为不受任何限制或不受成人的介入或影响。然而，自由不是没有限制的"放任自流"或为所欲为。自由是指有做事的机会，而不是拆除藩篱。正如以赛亚·伯林①等哲学家所讨论的那样，自由还有一种积极的意义，与驾驭、自我控制和自我决定有关（Berlin，1969，p. 144）。福禄贝尔也认为，儿童：

可以根据自己所参与的游戏的规则和要求，自由地决定自己的行动，并通过游戏感到自己是独立的和自主的。（转引自 Leibschner，1992）

对福禄贝尔来说，游戏包含"规则、自由和生命之间的持续互动"，这说明自由和纪律不是分开的。维果茨基（1978）也确认了游戏的矛盾本质，即儿童不受"情境限制"，但受游戏规则的约束。

自由不是消除限制，因为除了限制外，还有其他因素干扰儿童的选择和机会。我们所要做的是，确定哪些特定的自由和限制最有可能促进那些我们认为最重要的价值观。自由是行动的机会而不仅仅是行动本身。自由是关于哪些路径可行、哪些路径不可行，以及关于开辟新路径的机会。对儿童来说，最为重要的是"做什么"的自由，因为自由不是一个中性词，它承载了使用者的价值观。自由地做某事，不仅需要机

---

① 以赛亚·伯林（Isaiah Berlin），英国哲学家、观念史学家，先后被授予耶路撒冷文学奖和伊拉斯谟奖。——译者注

会、鼓励和对这件事本身价值的认可，还需要对可能阻碍这种机会的其他因素加以限制。因此，当户外游戏沦为儿童完成"课业"后才能做的事情，或者只能在一个枯燥乏味的环境中开展，或者总是被教师设定好的常规打断，或者剥夺了儿童对游戏主题的控制权时，它就不再是"自由的"游戏，因为教师已经将游戏自由发展的路径封死，将游戏的潜能抑制。同样，不被教师重视且得不到教师支持或拓展的游戏也不是"自由的"游戏，因为游戏的潜能也被抑制。

布鲁斯（1991，2004）提出了"丰富且持续的游戏"这一概念，也被称为"自由流动的游戏"，它具有强烈、持续"流动"的特点，涉及游戏者的全神贯注和深度参与。这类游戏需要时间、空间、资源和教师的支持。但游戏要发展，就不能由教师来支配。

在了解是什么促进或限制丰富的户外游戏和学习机会后，我们可以承担更多的责任，更积极地进行干预，更具批判性地反思自己在丰富儿童的游戏中所发挥的作用，例如时间和空间的组织方式、所提供的设施和材料以及与儿童游戏的互动方式等。

"早期有效教学研究项目"对被评为"优良"或"杰出"的幼儿园进行研究，结果表明，由敏感的教师与儿童之间的互动所支持的自由游戏，是一个丰富的学习情境（Siraj-Blatchford et al.，2002）。一个不太广为人知的发现是，研究人员观察到的大量"高挑战性"游戏根本没有教师的参与，这表明教师与儿童之间的互动并不是"丰富且具有挑战性的游戏"的基本要求，但是教师在游戏的某些时段与儿童进行高质量的互动，有可能使儿童的游戏变得更加丰富。

对"游戏"一词的使用也会造成人们的困惑。关于幼儿教育工作者对"游戏"一词看法的研究表明，大多数人把游戏定义为"自由选择的活动"，而不是一项规定好的任务。然而，并非所有自由选择的活动都是游戏。布鲁斯（1991）区分了游戏与她所说的亲身体验的不同。她认为，儿童在日常生活中做的很多事情都不是游戏，而是亲身体验。比如，园艺、修建池塘、生火做饭、清理兔笼、填埋沙坑等户外活动都不是游戏，而是对真实世界的体验。有时，这些活动会进入游戏状态，例如，儿童在清理兔笼时，假装自己是兔子，在花园里蹦蹦跳跳，但它仍然与游戏不同。游戏利用儿童的第一手经验和想象力，并重塑它们。我认为，教师计划、组织，有时主导儿童的户外实践活动是必不可少的。儿童对这个世界的经验有限，教师的大部分任务是根据儿童的兴趣和关注的事情拓展他们的经验。修建池塘、种菜、制造喷泉、组织外出旅行等都需要教师仔细计划和思考，以便明确目的和意图。我认为，这完全不同于对游戏的计划、组织和主导。

鉴于一些幼儿园的游戏不是自由的游戏，而是在许多不同的组织方式下开展的活动，我建议将自由游戏的概念作为一种赋能儿童的积极原则。相比有结构的游戏、教师主导的游戏、精心计划的游戏，自由游戏能为儿童提供更多的机会，因为前者表明游戏的进程已由成人决定。在一个精心计划好的鼓励冒险、激发好奇心、培养人际关系、支持创造力和培养想象力的户外环境中开展的自由游戏，比预先包装和计划好的被称为"游戏"而事实上只是丰富的游戏的拙劣替代品的活动，能为儿童提供更多玩挑战性游戏的机会（见图7.1）。

儿童在校内外的游戏权利必须得到保护，这不仅是因为游戏可以促进儿童的发展与学习，还因为它所蕴含的自由对儿童和社会来说必不可少。（Brehony，2004，p. 37）

图 7.1

在自由游戏中，儿童发起挑战；这个孩子正在全神贯注地挖沟和建桥

第八章

户外游戏中的教师角色、资源和关系

将环境变得美丽和富有挑战性并不是目的,而只是达成目的的一种手段。目的比手段更重要,因此儿童及教师在户外游戏时做什么才是问题的核心。(Drummond,1995,p.3)

当环境美丽且富有挑战性时,人们很容易认为儿童的游戏也会如此,但事实并不总是这样。我曾在极具美感的环境中看到单调的游戏,也曾在不被看好但有敏感的成人为儿童提供支持的环境中看到丰富且持续的游戏,因为敏感的成人的支持为儿童的创造性游戏提供了更多的机会。这不是在为贫乏的环境进行辩护,而是在讨论教师的角色。其中,关键的一点是,教师和儿童如何在改变空间与持续游戏方面相互适应。

把所有的时间都花在户外的孩子,可能仍然无法观察到户外的美。这个男孩观察到了,但如果成人没有与他拥有同样的认知,那么他刚刚开始萌芽的知识的种子就会被碾碎。(Froebel,转引自 Lilley,1967,p.146)

尽管此类研究有限,但已有研究对教师在儿童户外游戏中的角色进行了批评。例如,赫特等人指出,"教师和儿童就彼此在户外而非室内做什么,可能达成了一种默认的协议"(1989,p.81)。他们发现,教师的角色从室内以互动为主转变为室外以告诫为主。"默认的协议"这一概念非常重要。教师扮演的监督者角色越多,儿童就越有可能利用教师获得常规方面的帮助、调解纠纷,甚至把他们视为需要避开的人。这反过来又可能强化教师的告诫者角色,并就此建立一种互动的风格。如果不对这种风格加以反思,它就会变成一种难以改变的模式。教师会传递出强有力的信息,比如期待什么、什么是重要的以及什么是不重要的。而这些信息常常是隐藏起来的、暗含的,因此影响会更加普遍。

在户外游戏时,教师使用的关键短语往往是消极的,比如,"注意!""小心!""不要这样!""要轮流!""穿上你的外套!""不要在草地上玩!"这些短语背后暗含的信息是,尽管儿童有自由选择活动的权利,但教师仍然牢牢地控制着儿童,包括:评判他们的游戏,调解他们的纠纷,要求他们征得老师的同意,组织他们的活动,等等。儿童在户外时通常拥有更多的控制权。户外空间比室内大得多,因此儿童拥有更多身体上的自由。他们只要愿意,就可以忽视教师的存在,远离教师的视线,以一种在室内几乎不可能的方式逃避教师的要求。在运动方面,儿童比教师更有能力,他们跑得更快,能够在高高的平衡木上保持平衡,能设法以很多教师不能做到的方式通过一个狭小的空间。因此,教师因对自己的角色没有把握、缺乏信心而试图通过采取控制或告诫的方式来收回一些权力和树立权威,也就不足为奇了。

在对大量的幼儿教育工作者进行在职培训的过程中,我了解到,相当多的人对户外活动中的教师角色不是很确定。他们指出,在让儿童自由且安全地玩耍与迫于压力实现课程目标之间存在一种紧张关系。这就导致在儿童游戏时,教师的角色在参与不足和过度参与之间摇摆,前者表现为教师扮演预防性的、监督性的角色,后者表现为教师按照预设的学习目标组织和主导游戏。正如瑞吉欧教育的创始人洛里斯·马拉古奇(Loris Malaguzzi)所说,"儿童处于他们想要的状态与他们不想要的被压制状态之间的危险边缘。"

时　　间

时间的安排影响户外游戏的质量,丰富且持续的游戏需要一定的时间。游戏有自己的节奏和动力,有时强烈但很短暂,有时会持续数小时、数天甚至数个星期。长时间的游戏使儿童更加深入且全神贯注地参与其中，这个事实挑战了"人们认为儿童不能长时间地坚持做任何事"的刻板印象。费雷·莱弗斯教授指出，参与以及坚持是深度学习的标志（Pascal & Bertram, 1997）。

然而，如果教师控制时间，比如制定时间表把时间划分为若干个时段、限制儿童去户外游戏的时间或者过分热衷于按照既定的一日常规行事，那么儿童的游戏就会受到干扰或限制。儿童也会开始轻视游戏，因为他们知道当户外游戏时间非常短暂时，在沙滩上精心设计、动手建造一个场景是没有意义的。参与和坚持将受到貌似武断的时间安排的严重影响。

室内外自由活动

当儿童能够在室内外自由地游戏时，他们游戏的节奏就会变得更加放松和从容。儿童可以自由地选择在哪里度过游戏时光。比尔顿（2002）的研究指出，当严格的时间界限被取消后，室内外的游戏和活动质量都会得到显著提高，因为游戏和活动的节奏不再忙乱，空间的压力也有所减少。

允许儿童自由地进出室内外，能够推动游戏的发展，并帮助儿童在学习中建立联系。以下例子就说明了这一点：

3岁的马修和阿伦，把水和沙子混在一起制作"晚餐"。他们把混合物放在扁平的盒子里，然后从拼贴区拿来五彩纸屑和瓶盖洒在上面，再将它带去积木区放到一个空心的积木里烘烤，之后用玩具卡车绕着花园一路运送到娃娃家，并在沿途大张旗鼓地喊道："比萨外卖到了。"

4岁的奎因在户外玩水车和水槽。之后，他回到室内的建构桌上用吸管做了一个轮子。然后，他把做好的轮子拿到水盘上，并将水倒在轮子上使它转动起来。一位教师建议他想一个办法来支撑不断弯曲的轮轴，于是，奎因跑出去观察大水车，之后他又回到建构桌，把四个轮子连在一个长长的轮轴上。他费了很大力气把它抬到外面的水盘上，这样轮轴的两端就能倚靠在水盘的内侧。然后，他通过大水车落下的水依次测试了每个轮子。

这两个例子说明，时间与空间的流动是如何让游戏遵循其自身的动力开展并变得日益复杂的。第二个例子描述了教师是如何拓展游戏的。严格的时间和空间界限会限制儿童游戏的机会，阻止他们建立联系的可能性。

当教师过度地依赖死板的常规、不停地看着时间、没完没了地为接下来的事情做准备时，他们就会成为时间的控制者和监督者，而不是赋能者。尽管一些生活常规很有必要，因为它们可以为儿童提供具有安全感和可预测性的一日活动节奏，但是灵活、流动的时间安排能够保护儿童游戏的空间和时间，使其免受不必要的干扰。罗杰斯和埃文斯（2006）在对学前班儿童的研究中发现，叫儿童从游戏中抽离出来是影响儿童角色游戏质量的最具破坏性的因素。他们认为，这不仅是因为儿童需要时间去协商角色和发展游戏思路，还因为游戏所依赖的社交小组也将因这样的破坏而解散。

儿童的自主性与教师的时间安排之间，存在一种互惠关系。能够在户外培养儿童的独立性与自主性的策略，也能够使教师减少管理儿童行为的需要。当儿童能够自行找到所需要的资源，根据不同的天气穿上合适的衣服，并且相互帮助应对困难的任务时，教师就能腾出时间观察儿童或者与儿童互动。

我曾在托儿所看到一位教师照看一个小女孩的情形，这个小女孩名叫埃莉，13个月大。她一心想爬到一片迷人的草地上，可是每当她爬到草地上的时候，教师都会把她抱起来带回到水泥地，并对她说："那片湿草地太让人恶心了。"这样的行为重复了很多次，最后埃莉放弃了，把注意力转向了其他事情。如果教师允许埃莉把全身弄得湿漉漉或者为埃莉寻找一件适合她在草地上爬行的衣服，那么控制和约束埃莉的时间就可以用来让埃莉做她感兴趣的事情，和她一起在潮湿的草地上探索。

为游戏准备资源

教师经常花大量的时间准备户外游戏资源，并把它们布置成有趣的样子。在对幼儿教师进行在职培训的时候，一个由 5 名教师组成的团队惊讶地发现，他们每周竟然要花 20 小时来布置和整理户外资源。尽管精心规划户外游戏资源并让它们看上去既吸引儿童又能激发儿童的灵感，是一件很重要的事情，但是对儿童来说，他们很难玩别人的创造物。在一个小型的行动研究中，我们观察了儿童在这些精心准备的游戏场景中的表现。我们发现，精心布置好的游戏资源，总是在很短的时间内就被儿童拆除和改变，从而导致教师与儿童之间因游戏的所有权问题出现紧张关系。请看下面这个案例：

教师为野餐游戏布置了桌布、食物、碗碟和其他餐具。一个小男孩把盘子、杯子、碟子一个接一个地偷偷移开，然后，小心翼翼地拿起桌布，把它披在肩膀上跑开。在他看来，这块桌布就是他最喜欢的"超级英雄"的斗篷。当教师终于察觉到这一情况时，他们因自己精心布置的场景被"破坏"而感到绝望。这个小男孩的行为让他们非常恼火和沮丧。

其实，一个野餐的篮子（里面井井有条地摆放着可自由取用的物品）和一块桌布足矣。它们不仅可以保护那些想在野餐中玩耍的儿童的游戏不被破坏，避免某个男孩"非法"获取自己需要的游戏资源，还能节省教师的大量时间。

这就引发了一个问题：为什么教师要花那么多时间布置复杂的游戏场景，比如，使用开放性材料搭建一列火车？教师的行为似乎否定了开放性材料的价值。因为火车只有由儿童使用开放性材料搭建而非由教师准备，才有意义。如果教师能够以吸引人的方式呈现资源，并且帮助儿童讨论、协商和解决如何搭建火车的问题，那么就更有意义了。教师可以使用一些问题提示儿童，比如，"这是一个好地方吗？""我们需要什么样的资源？""我们可以用什么当座位？""我们需要建造一个火车站吗？"此外，帮助儿童注意到环境特征的象征潜力也是一个重要的策略，比如，可以对儿童说："也许地面上的这些线就是火车轨道。"

在前一天观察的基础上仔细地选择和呈现材料作为回应，这是教师邀请儿童探索新的可能性、暗示他们进行新的组合或者鼓励他们继续玩前一天的游戏的重要方式。例如，在观察到儿童很喜欢把材料滚下斜坡后，教师可以提供一系列的木板、轮子、小桶和可以滚动的材料来发展并拓展儿童的游戏。

敏感的回应性关系

帕斯卡尔和伯特伦（Pascal & Bertram，1997，p. 13）指出教师与儿童有效互动的三个关键原则。

- 敏感：指教师对儿童的情绪和幸福的敏感度，包括真诚、同情、回应、关爱等方面。
- 激励：指教师在儿童学习过程中介入的方式和介入的内容。
- 自主：指教师给予儿童进行尝试、做出判断、选择活动和表达思想的自由度，也指教师如何应对儿童的冲突、规则和行为问题。

敏感的回应性关系是户外游戏中教师角色有效性的基础。当教师倾听并参与儿童尝试做的事情时,他们就可以成为儿童游戏的强劲催化剂。这并不是一件容易的事情。有关师幼互动的观察揭示,教师对儿童的游戏行为可能存在一些误解。比如,在图 8.1 中,儿童是假装成画家和油漆匠拿着大刷子和水在墙上画画,把墙面和矩形图案涂满,还是在探索墙面上水的蒸发现象?基于"我们认为儿童在做什么"这一假设

图 8.1
回应性的材料供给可以拓展儿童的兴趣,并邀请他们探索新的可能性

进行的师幼互动会充满困难，并导致师幼互动可能是生硬的且具有侵入性。

韦尔斯（Wells）用抛球来比喻成人与儿童进行对话交流的重要性：

像抛球一样，首先要确保孩子的手臂呈环状做好了接球的准备，然后轻轻地、准确地抛球，使球正好落在孩子的手臂里。当轮到孩子抛球时，成人必须准备好，球被抛到哪里就跑去哪里接球。（1986，p.50）

"接住儿童抛给我们的球"是意大利瑞吉欧教育中的一个常用比喻，它把教师与儿童的关系比作一场乒乓球比赛。"支持性的师幼关系是建立在教师对比赛节奏的适应以及示范一种专注和关心的态度基础之上的。"（Edwards et al.，1998，p.181）

"与儿童同频"是另一个常用的比喻，也是一个音乐方面的比喻。无论是"接住儿童抛给我们的球"还是"与儿童同频"，都强调教师积极、互惠、回应的角色，教师的目的是与儿童互动，理解并回应儿童。然而，我们需要认识到理解儿童的意图以及与儿童心灵相通并非易事。即使我们想努力同频，音调也有可能不一致，有时甚至是明显走调。儿童能够忍受我们唱歌走调，但如果我们唱一首与他们完全不同的歌曲来回应他们，他们往往就会不屑一顾。我们偶尔可以错失他们抛过来的球，但是如果我们不把球扔回去，游戏就会结束。重要的是教师的意图，即教师想要并努力了解儿童，以及他们对儿童的游戏和学习的充分理解。

下面的例子描述了2.5岁的安杰利娜与她的关键教师琼之间的亲密互惠关系。

她们正交谈着。琼的手势与安杰利娜的反应表明，她们正谈论着花园尽头大树上被风吹落的叶子。安杰利娜边跑边兴奋地看着树叶离开树枝，旋转着落到地面上……琼给了安杰利娜一对一的持续关注。安杰利娜去抓一片一片旋转落下的树叶，度过了一段极其快乐、充满活力且兴奋的时光。在抓住每一片叶子后，她跑回琼身边，让琼把她抱起来，再次看向墙的外面。

在这个例子中，琼和安杰利娜步调一致。琼回应并分享了安杰利娜对落叶的兴趣和激动心情。她们之间亲密的身体接触以及相伴随的面部表情和肢体语言，表明她们已经建立了一种亲密、温馨的关系，这对安杰利娜的健康发展和学习至关重要。教师向安杰利娜发出了"我对你感兴趣的东西感兴趣，且你感兴趣的东西很有趣"的信号。她们共同关注被风吹落的树叶。安杰利娜的快乐、兴奋、身体活动和对身体亲密接触的需求得到了教师的认可与回应。教师的注意力集中在旋转的落叶上，她没有把这场互动变成一堂关于秋叶的课，也没有质疑安杰利娜数数或命名树叶颜色的能力。

琼和安杰利娜之间的这种敏感互动，与下面蒂泽德和休斯（Tizard & Hughes，1984）所做的观察记录（经过编辑）形成了鲜明的对比。在这个观察记录中，4岁的卡萝尔对风吹动沙坑里的水桶非常感兴趣。

卡萝尔：我要告诉妈妈，那些水桶滚走了。

教师：什么？

卡萝尔：我要告诉妈妈，那些水桶趁我们不注意的时候滚走了。

教师：是吗？

卡萝尔：是的。

教师：非常好。

卡萝尔：沙子都进到我眼睛里了。

教师：进到你眼睛里了？痛吗？现在还痛吗？哦，可怜的小家伙。如果给你一片苹果，你会感觉好一些吗？

（直到后来回到家里跟妈妈交谈，卡萝尔的兴奋心情才真正得以分享）

卡萝尔：妈妈，我要告诉你一件事情。它非常有趣，嗯，那些桶滚走了……我们没有留意到……我们说……我们没能抓住那些桶。

妈妈：桶滚动了？

卡萝尔：是的，是的。它们滚动了……还看到，它们立起来了，我们没看到它们是怎么立起来的，因为我们在堆沙堡。

妈妈：嗯。

卡萝尔：之后，那些桶就又倒了。再接着，它们就一直滚呀滚，滚呀滚，滚呀滚，因为风呼呼地吹着。

妈妈：哦，天呐。风真的很大，是吗？

正如蒂泽德和休斯所指出的那样，卡萝尔在与老师互动时缺少交流的迫切性和兴奋性，她很快就进入一种依赖性的、寻求帮助的关系中。我们可以看出，这种互动语调"平淡"，研究者们认为这是"互不了解的教师与儿童之间"互动的特征（1984，p. 202）。然而，这里缺少的并不仅仅是"了解"，还有"想要了解的愿望"。虽然我们是在与卡萝尔妈妈的更具活力和更多回应的谈话对比中，听出了卡萝尔和老师对话时的平淡语调，但是我猜想，如果这段对话不是来自一个音频而是一个视频，那么教师的面部表情和身体信号同样能有力甚至更有力地表现出交流时的平淡语调。

从对父母与婴儿互动的相关研究中，我们知道，婴儿如何从一出生就调整自己去阅读和回应他人的面部表情，以及他们如何快速地学会根据他人的声调和面部表情来读取游戏的信号。当你对儿童说"这很有趣"，但是你的面部表情和肢体语言表达的完全不是这么回事时，那么说这样的话是没有用的。在户外游戏时间，当教师认为自己扮演"监督"儿童的角色时，他们就会俯身与儿童进行这种冷漠的对话。教师如果能够蹲下来或者坐在儿童身边，就可以确保与儿童进行面对面的有效接触，也能确保权力的平衡，同时在必要时扫视整个户外空间。

从下面的沙子蛋糕案例中，我们可以看到师幼之间亲密、温馨关系的重要性。假装游戏是儿童寻求与教师建立关系并维持这种关系的重要方式。

沙子蛋糕

在托幼机构中，几乎都会出现儿童把假想的食物或饮料（如沙子蛋糕）送给老师的情形。通常，儿童会使用一盘沙子、一杯水或者一罐土和树叶向教师发起互动。尽管这一行为也会在室内发生，但是在户外更加普遍，因为户外活动时儿童更自由，把材料组合起来的机会也更多。我被这类频繁出现的互动的特点吸引住了，因此进行了一个小小的研究（Tovey，1994）。我观察到，儿童会精心挑选与他们互动的教师。他们经常绕过附近的成人穿过一大片区域去寻找更适合互动的教师。之后，儿童发起互动，用微笑和愉快的表情示意这是一个假装游戏。教师随后"读取"儿童发出的信号，并做出回应。我观察到所有教师都会对这种假装游戏做出回应，只不过回应的方式各不相同。

一些教师不愿意参与其中，于是阻止儿童的靠近，例如：
我现在饱了。把它放在那儿吧，我一会儿喝茶时再吃。
哦，又一块蛋糕。我吃了会发胖的。

一些教师会接下假想的食物并利用它来询问儿童，例如：
哦，蛋糕啊，太好了。是你做的吗？你在里面放了什么？面粉？糖？（儿童点头）
是你烤的吗？在哪里烤的？烤箱吗？哦，非常好，你真聪明。
现在需要在上面加点糖霜吗？

还有一些教师对这种假装游戏本身做出了回应并加以丰富，例如：
儿童：这是你的茶，这是你的蛋糕。
教师：哦，一杯茶，谢谢你（假装啜饮）。哎哟，太烫了。

儿童：（笑）那就吹吹吧。

教师：（教师吹了吹，然后假装啜饮）嗯，太好喝了！我，天哪，现在我把它都洒在身上了。

儿童：（假装扫地，又笑又恼）看看你做了什么，你把茶都洒了！现在吃你的蛋糕吧。姜饼。

教师：嗯，姜饼，我喜欢吃姜饼，我要把它吃光，一点也不剩！

在最后一个例子中，教师回应儿童发起的互动并丰富这个假装游戏，没有为了自己的目的而主导这个过程。这一做法得以让儿童继续回应假装游戏。当教师以这种方式做出回应，尤其是当他们运用适宜且夸张的动作假装喝茶或吃东西时，儿童会非常高兴。当教师阻止儿童靠近时，儿童往往会感到垂头丧气。当教师试图掌控游戏，并利用它开展一堂"微型课"或者向儿童提出问题，从而重新聚焦于假想食物的现实制作过程时，儿童会感到困惑和迷茫。毕竟，儿童只是把沙子或者水填满罐子，这些与精心制作假想的食物是完全不一样的。

共享的小秘密——"我们都知道这只是沙子，但我们都假装它是蛋糕"——让儿童和教师获得了极大的乐趣，并促使他们建立一种亲密的友谊关系（见图8.2）。然而，如前所述，教师的回应可以维持或抑制这种假装游戏。因此，教师的回应对儿童的游戏和思考过程以及师幼关系的质量是至关重要的。与年幼的儿童——刚刚有能力进行假装游戏，用一个物体或材料代表另一个物体的儿童——在一起的教师可以看到，这些微小的互动和其他类似的互动，对儿童发展符号理解能力是多么重要！

图 8.2

心灵的交汇——"我们都知道这只是沙子,但是我们都假装它是蛋糕"

进入儿童的世界

沙子蛋糕的例子或许司空见惯、微不足道,但它说明教师准备好进入儿童的世界并参与儿童游戏的主题,尤其是理解儿童游戏背后的意图有多么重要。研究表明,成人可能会觉得做到这一点很难,尤其是在加入儿童的假装游戏时。例如，邓恩（2004）在观察家庭中儿童的假装游戏后指出，大多数成人会采用一种相当无聊且老套的方式参与孩子的假装游戏。比如，在玩"商店游戏"时，他们关注的是事物的正确顺序。他们会对孩子说："你是收银员，所以你要把钱从我这里拿走……现在，你拿走了我的零钱……这条路通向汽车……"（2004，p. 25）与兄弟姐妹不同，父母很少采用假装的身份或角色参与孩子的游戏。邓恩指出，这种共同的假装行为在发展关系和建立友谊方面发挥着强大的作用。尽管成人与儿童之间的游戏不同于儿童与兄弟姐妹或同伴之间的游戏，但是有能力进入儿童的游戏，让成人在帮助维持共同的想象力、让游戏持续进行下去以及帮助经验不足的游戏者参与并一直游戏方面具有相当大的影响力。如果教师先是扮演一个假想的角色，宣布"我是检票员，我要检查每个人的票"，而后又突然变回教师的身份说"詹姆斯，你太吵了"，那么这种行为就破坏了游戏规则。相反，在游戏框架内以游戏角色的身份做出评论，比如"我们的火车上有一些乘客很吵闹，我需要打电话给火车上的乘警"，就会为游戏提供新的角色和可能性，更有可能让游戏继续下去（见图 8.3）。

布罗斯特罗姆（Brostrom, 1998, p. 20）警告说，不要将儿童的游戏变成"对现实机械且狭隘的复制"，相反，应该将其视为"一种创造性活动，通过这种活动，儿童可以改变自己周围的环境，转变知识和认知，并产生新的领悟"。要想成为成功的游戏伙伴，成人需要超越现实，并愿意随着游戏情节的展开参与到游戏中，帮助儿童将空间转换为充满活力和令人兴奋的新地方。

在户外游戏时间，教师更不能只做场地边的看客。正如凯利拉所说，当教师站在场地边一起聊天时，他们离儿童很远，对儿童的观察是肤浅和笼统的，而不是深刻和详细的。她指出，对于儿童的游戏文化主题，教师们只是接纳而不是参与其中：

教师可以接纳儿童的游戏文化主题，如"芭比娃娃""火星鼠骑

图 8.3　通过扮演游戏角色，教师可以置身于游戏框架内拓展儿童的游戏①

士""超凡战队"等。但是，它们即使对儿童来说可能极其重要，但还是被教师归为不必知晓或欣赏的类别。分享儿童的文化能力，可以为教师理解儿童的游戏提供一个很好的起点。（2006，p. 125）

与帕斯卡尔和伯特伦一样，凯利拉也认为教师的敏感性是支持儿童游戏的一个关键原则。但是，她还补充了另外两个原则，即对游戏进行充分观察的重要性和了解儿童世界的重要性。

---

① 图中英文的意思是"预订中心"。——译者注

帮助儿童协商和维持游戏

户外空间不是静态的、可预测的,而是灵活的、可变的,这需要儿童进行大量的协商。儿童也必须通过协商才能使游戏持续进行下去,包括游戏的角色、情节和内容等。这些协商必然具有不确定性,尤其是对缺乏经验的儿童来说更是如此,游戏很容易瓦解。因此,教师在帮助儿童开展游戏方面扮演着重要角色。教师有时候需要保护能让儿童的游戏继续下去的空间和时间,防止有意或无意的干扰,而这些干扰是导致游戏中断的常见原因(Perry,2001)。特拉威克-史密斯(1998b)建议,教师有时可以示范成功的游戏者所使用的协商策略,比如宣布角色、核对约定、澄清事件等。教师也可以通过观察成功的游戏者所使用的策略来帮助儿童找到加入游戏的方法。例如,科萨罗(2003)观察到儿童使用巧妙的策略加入游戏,这些策略包括:坐在游戏附近观看、在游戏区附近徘徊、采取与游戏者类似的行为,等等。他们很少直接发出请求,比如,"我能玩吗?"因为他们知道,这样的口头请求很可能会被拒绝。最不成功的策略是径直加入和扰乱游戏,忽视或误读当前的游戏主题。然而,这往往是教师采取的方法。这样的方法不仅会干扰游戏,而且向儿童提供了一种不适宜策略的"典范"。

当然,儿童的游戏中会出现纠纷和争吵。然而,如果教师介入得太早,儿童就永远没有机会相互交流不满和烦恼,也没有机会尝试自己解决"对峙和僵局"。我曾看到两个小男孩为了一辆心爱的"绿色自行车"而发生激烈的争吵。"大战"似乎一触即发,我站在一旁等着看会发生什么。在大声地喊叫了一会儿"这是我的""不,这是我的,我先来的""你不是我的朋友""那么你也不是我的朋友"之后,他们意识到,如果他们每人推一个轮子,车辆就会移动。"这是我们俩的自行车""哦,这是我们俩的自行车"。于是,他们每个人用一条腿推车,用一只手把着"方向盘",成功地推着自行车沿着游戏区转圈。教师干预得太早或者要求儿童轮流使用游戏材料,有时会阻止这种更独特但非常有效的解决争端的方案出现。这就需要教师了解每个儿童及其游戏方式。面对不同的儿童,教师介入的时机也不一样。比如,为了保护一个难以获得游戏资源的孩子,教师可能需要早一点介入。

过早地冲进去"解救"儿童,将剥夺儿童展示自己的学习能力的机会,也将剥夺他们适应那些伴随困难而来的不良情绪——挫折、困惑、恐惧——的机会。(Claxton,1999,p. 265)

支持冒险游戏

正如斯蒂芬森(2003)的研究所揭示的,教师的态度影响儿童的户外冒险行为。特拉威克-史密斯(1990,1998)甚至认为,风险决定了教师与儿童的教学关系。当教师对儿童在户外的安全感到不确定和焦虑时,他们就会向儿童传达这一点。年幼的儿童尤其会依靠教师来确定,探索某一事物或者在某一物体上攀爬是否安全。他们能够快速地"读懂"教师对环境的评估。如果教师看起来总是焦虑不安,那么儿童要么感受到了这种焦虑,要么选择忽略它,但这样做会阻碍他们发展辨别真正危险情况的能力。

教师在支持儿童的户外冒险和挑战方面起着重要作用,具体如下:

- 教职工要形成一致的认识和期望,使每个人都感到自己作为冒险者是得到支持并"安全"的。

- 对儿童能做什么抱有切合实际的期待。只有充分了解儿童,才能就何时介入和何时退后做出明智的决定。

- 积极地看待挑战,将其视为某种值得享受而非恐惧的事物。培养儿童的自主性并祝贺他们取得的成就,无论这些成就看起来多么不起眼。

- 反思自己在面对孩子的冒险行为时，态度上是否存在性别差异。比如，与女孩相比，是否更能接受和鼓励男孩在游戏中冒险？利特尔（2006）的研究表明，情况通常是这样的。
- 建构一种谈论风险和安全的语言，帮助儿童理解他们掌控着自己的安全，并知道如何安全地做事。例如：

  ——现在最好是握住不放，但当你感到足够安全时，可以试着放手。

  ——这需要大量的练习才能做到。

  ——倒着下来可能更安全。

  ——乔希找到一种非常安全的方法，我们来看看他是怎么做的吧！

  ——你在把盒子推下去之前，记得检查一下滑梯下面有没有人，这一点很棒！

- 准备好在必要时坚决地对儿童说"不，那很危险，因为……"。当教师设置了明确的界限时，当儿童相信教师对某一情形的判断时，他们在冒险和探险时会感到更安全、更放心。
- 教儿童掌握一些有助于安全行事的技能，例如控制从滑梯上向下滑的速度的方法、在木工工作台上使用锯子的安全方法以及抓昆虫的安全方法等。
- 向儿童示范用一种灵活、创新的方法而非死板、拘谨的方法来应对各种情况。比如，对儿童说"这是个好主意，让我们试试看"而不是"我们不能那样做""没有时间了""我们不能移动东西""我们不能搞得一团糟""我们这样是不被允许的"。

进行有意义的谈话和互动

正如我们在前几章中所看到的，户外是惊喜、好奇、惊奇和兴奋感的丰富来源，并为儿童探索各种富有想象力的想法提供了空间。然而，如何与教师分享这些至关重要。科尔斯（Coles，1996）回顾了一项研究，该研究表明教师在与儿童相处时最重要的是：

- 对儿童当前的状态非常敏感，对儿童的能力水平和当下的兴趣非常了解；
- 对儿童试图表达的意思非常敏感，渴望帮助和鼓励儿童与教师互动，并且互动的双方拥有平等的空间和话语地位；
- 做一个富有同情心的倾听者，而不是倾向于支配和主导儿童的行为；
- 善于回应儿童原本的行为意图……真诚地关心儿童以达到相互理解。

在下面的例子中，儿童的困惑和惊讶引发了一段既聚焦又扩展的对话，在对话中，师幼共同探索了困惑的来源。奥利弗（3岁10个月）在幼儿园池塘里发现了一个七叶树果，他拿给教师看。

奥利弗：它（的颜色）变得更深了，是吗？

教师：嗯，它变黑了。

奥利弗：为什么它变黑了？

教师：可能是因为它在水里待了很长时间。

奥利弗：是的，是的，七叶树果是棕色的，但这个是黑色的。我要用纸巾把它擦干（去了室内）。

奥利弗：它还是黑的，因为当把一个棕色的七叶树果放在白色的水里时，它就变黑了，是吗？因为棕色和白色在一起就会变成黑色，是吗？

教师：这很有趣。我们明天可以试一试把一些颜料混合起来看看。

我觉得七叶树果颜色变得更深，是因为它吸收了很多水。看，就像这张纸巾一样，吸了水的地方颜色就会变深。

奥利弗：（在水槽里玩纸巾和七叶树果）如果你把肥皂和水都抹在上面，它的颜色就会变得更深。

在这个案例中，奥利弗发起了一场对话，对一个棕色的七叶树果变黑了表示惊讶。它展现了一个3岁儿童的强烈好奇心和求知欲，以及在户外看似无关紧要的事物是如何促进儿童探究的。教师和儿童一起商讨原因，从而帮助儿童确定了探究的方向。对话过程明显增强而非限制了探究。儿童发起对话—教师回应并拓展对话—儿童在教师回答的基础上提问—教师通过反思已知的东西做出回答—儿童在教师回答的基础上建构自己的解释，这一过程体现了韦尔斯（1986）所强调的一个可以探讨原因的对话伙伴多么重要。

持续共享思维

对奥利弗和七叶树果的观察，展现了西拉杰-布拉奇福德等人（2002）提出的"持续共享思维"概念。"早期有效教学研究项目"认为，这种对话是一种特别有效的教学策略（见图8.4）。"持续共享思维"被定义为：

在某一时段，两个或两个以上个体以智慧的方式"合作"解决问题、澄清概念、评估活动或扩展叙事。双方都必须为这一思考做出贡献，而且这一思考必须得到发展和延伸。（2002，p.8）

因此，每一方都需要理解另一方的想法，学习是通过反身性共同建构过程来实现的。"早期有效教学研究项目"指出，教师与一两个孩子交流是最有效的共享思维方式。如果小组人数太多，教师与儿童的谈话就有可能变成告诫他们而非共享思维。值得注意的是，该研究发现，由

图 8.4　持续的共同关注引发教师和儿童对辣椒植物上的小辣椒能否食用这一问题的共同思考

儿童发起的游戏为这种持续共享思维提供了丰富的情境。遗憾的是，目前还没有研究人员分析在由儿童发起的户外游戏中，持续共享思维发生的频率。

对思考过程的思考

元认知和元游戏的概念是帮助我们理解游戏中有效互动的重要工具。元认知或思考自己的思考过程，是一种反思和意识到自己思考过程的方式。研究表明，如果成人在日常的对话中使用一系列与"思考有关的词语"，如思考、知道、记住、期待、考虑、重新考虑、惊奇、猜测、想象、决定等，那么儿童就会开始这样思考和说话（Astington，1994）。下面对户外游戏的观察和分析就说明了这一点。

一群 4 岁的孩子正用牛奶箱和水槽把水从游戏区的一边运送到另一

边。当他们尝试建造斜坡让水流淌过去时，遇到了许多问题。这个游戏断断续续地持续了两天，其中有2小时的游戏片段被录制下来，而乔治娜在这2小时都参与了游戏。转录后的对话最初似乎没有什么意义，因为行为占主导地位，对话受到语境限制且不完整。例如：

乔治娜：把那个放在那儿。

教师：你是指这里吗？

乔治娜：不，蓝色的那个。

教师：像这样吗？

乔治娜：不，像这样。

显然，当儿童和教师一起行动时，他们之间几乎不需要进行详细的谈话，但这一对话表明乔治娜在大部分时间里是如何掌握对话主动权的。

然而，在仔细审视转录的整个视频文稿后，研究人员发现，有大量的证据表明乔治娜开始意识到自己的思维能力。例如，"我有一个好主意"这句话竟然被重复了17次，"那是一个好主意，是吗"也被重复了无数次，其他反复出现的话语还包括：

- 哦，它不起作用，我不知道现在该怎么办。
- 这不行，我想我需要找一个长点的放在这里。
- 哦，我无法思考了。你现在就帮我吧。
- 我们以前做过，哦，不，我忘了。
- 我们必须改变它，这不是一个好主意。

虽然她的大部分行为是在反复试错，但她显然认为自己是一个拥有好主意的人，她正在思考、困惑、反思、核对、纠正并承认自己需要帮助。相应地，教师采用以下话语做出回应：

- 你认为……怎么样？

- 我不理解，你的意思是……？
- 斯科特的想法是……你是怎么想的？你认为这是一个好主意吗？
- 你还记得我们之前做过吗？
- 你能猜一猜……
- 你有没有核对过……？
- 我很好奇，如果我们……会怎么样？
- 哦，天哪，我原先想可能就会这样。也许我们得重新考虑一下这个主意。

当教师确认和扩展儿童的意图并做出反应，就像乔治娜拥有计划、意图、想法、策略和思想并能够预设、核对、猜测和好奇正在发生的事情一样时，这种互动对培养儿童的思维意识至关重要。正如梅多斯和卡什丹（Meadows & Cashdan，1988，p.56）所说，"对自己的思维进行思考似乎是变得更善于思考的有效方法，也是自信的源泉。"这也从本质上尊重了儿童的想法、目的和意图。

在支持儿童的环境中，让他们感到困惑、迷惑或有时犯错，与让他们感到自己是有能力的同等重要。教师抑制住自己想要帮助儿童的本能欲望，这一点非常重要，因为它让儿童得以有时间发现错误和展示他们的认识，从而使教师有机会以一种有意义的方式进行干预。

提 问

我清楚地记得自己4岁时，被一位好心的老师带着参观幼儿园花园的情形。我们停下来看那些花。"这朵花叫什么名字？"她指着一朵玫瑰花问道。我记得自己当时想："她为什么要问我？难道她不知道这是一朵玫瑰花吗？"我感到很困惑，于是回答道："我不知道。"当她回答说"亲爱的，这是一朵玫瑰花"时，我至今仍然能感受到当时夹杂着愤怒和羞辱的心情。当教师的提问不是为了探寻儿童的想法或寻找答案，而是用于测试时，儿童经常被这种互动方式弄得很困惑。在这类互动中，权力属于成人，儿童开始将自己视为回答者而非提问者。

然而，在户外时，儿童有一个有效的策略来应对教师持续不断的提问，那就是远离教师！在一段拍摄于某一所杰出的幼儿园、时长为2小时的户外游戏视频中，我注意到儿童完全不理会教师问题的情形足足有8次，尤其是当问题比较难回答时，比如，"滑轮是如何工作的？""水坑到哪儿去了？"儿童忽视教师的提问，这反过来会导致教师对自己的角色感到无能为力。

开放式的、好奇类的问题，比如"我想知道为什么会这样""我想知道是什么让你这么想""我想知道如果……会发生什么"，将能引发儿童的猜测和思考。他们提出了一个问题，但不要求儿童回应。好奇心是关键。儿童需要相信教师对他们的想法感兴趣，提问的意图是想真正地理解或澄清他们的想法。教师聚焦于儿童的关注点进行适时地提问，将有助于推动儿童的探究。例如，意大利瑞吉欧·艾米莉亚幼儿园的一位教师提出了一个问题："你能让影子消失吗？"这个问题引发了儿童的持续探究，促使他们测试各种点子，比如躺在地上、用石头盖住影子、用一块床单盖住影子等，最后他们得出结论"影子不会被盖住"。（Reggio Children，1996，p. 122）

"早期有效教学研究项目"（2002）证实了开放式问题而非封闭式问题在有效教学中的重要性。然而，即使在杰出的幼儿园里，此类问题也很少见，仅占所有问题的5%，而封闭式问题的比例高达34%。这与之前的研究结果（Tizard & Hughes，1984；Wells，1986）一致，表明教师的提问仍然存在很大问题。

儿童的问题揭示了他们的困惑、惊奇和努力想要弄明白事物的愿望。提问，是儿童聚焦困惑来源并与教师交流的重要方法。对年幼的儿童来说，户外环境可能是他们产生困惑的一个丰富来源。我们可以从婴幼儿的惊讶、好奇表情和探索中看出来，也可以从年龄稍大的孩子的问题中看出来，比如：

- 是谁给树浇水的？他们是如何到达那里去浇水的？
- 为什么车上面都是糖？（一个第一次看到雪的孩子问道）
- 为什么池塘上面有玻璃？（一个看着冰的孩子问道）
- 蠕虫在土下面怎么呼吸？为什么它们不会窒息？
- 蜗牛没有牙齿是如何吃生菜的？

在以上例子中，儿童发现自己的已有认知与所见所闻不符，于是产生了困惑。比如，牙齿是用来吃东西的，蜗牛没有牙齿怎么能吃东西呢？有时，儿童会自问自答，展示了既能提出问题又能凭借自己的经验去寻找答案的能力。于是，教师成为引导儿童反思的重要顾问。教师的停顿和沉默给儿童留出了"思考的时间"。

- 那个大冰块是怎么进到那儿（一个塑料瓶）的？它先融化吗？
- 为什么它（一只小鸭）那样喝水，为什么它的脖子那样？为什么它不像小猫一样喝水？我知道，因为它没有舌头。

然而，儿童的问题不仅仅是有关物质世界的。儿童对人的世界、情感以及其他人如何思考和行动也充满了好奇。

- 当我说"是"的时候，亚历克斯说"不"，他为什么这么做？
- 为什么老师们总是在我能爬过攀爬架的顶端时对我说"你不能爬过去"？
- 为什么男人要用吸尘器吸草？（看着园丁在割草时问道）

"为什么"的问题也经常出现在假装游戏中，尤其是那些大一点的儿童经常用这类问题质疑假装游戏中的不一致之处。

- 他为什么要睡觉？他还没吃晚饭呢。
- 我们为什么在航行？我们不能航行，我还没有起锚。

要让儿童的疑问层出不穷，仅有丰富的环境是不够的，还必须有对儿童的问题感兴趣的成人。他们以开放和接受的态度引出这些问题，认为这些问题是值得关注和尊重的，并且愿意以一种促进儿童进一步探究的方式做出回应。

观察、支持和拓展游戏

教师和儿童共同发展游戏的本质是教师"观察、支持和拓展游戏"（Bruce，1987）。观察意味着运用理论与研究在现场和反思中了解师幼之间的游戏。支持始于儿童当前的行为、兴趣和儿童能做的事情。拓展意味着在物质材料方面提供帮助，创设空间，提供时间，就游戏的想法与儿童进行对话和交谈，或者为儿童提供参与他人游戏的策略（见图8.5）。拓展还包括对儿童的游戏需求和意图敏感，增加能够激发儿童兴趣的材料，以及鼓励儿童的自主学习。

小　结

在本章开始，我们探讨了"抛球"和"同频"的比喻。意大利瑞吉欧·艾米莉亚教育模式和思想的缔造者洛里斯·马拉古奇使用了一种戏剧性的比喻：

我们需要一位老师，他有时是导演，有时是布景设计师，有时是幕布和背景，有时是提词员……有时是电工，有时是油漆工，有时甚至是观众。作为观众，他观看"表演"，有时鼓掌，有时保持沉默，有时心潮澎湃，有时以怀疑的态度评判，其他时候则是热情地鼓掌喝彩。（转引自Rinaldi，2006，p.73）

图 8.5
教师正在支持和拓展游戏,她提出了一个问题,"我很好奇,我松开手后会发生什么",后来,他们讨论了让建构物更稳固的方式

除此之外,我们还可以将教师视为演员,他"能即兴创作,随机应变,具有一种可以评估状况并知道什么时候移动、什么时候静止的能力,而这是任何公式或配方都无法取代的"(Rinaldi,2006,p. 73)。如果我们也认为游戏的"舞台"不是固定不变,而是不断变化的,那么我

们就能够看到教师在支持儿童户外游戏中所扮演的复杂、多面的角色。这需要教师具备知识、技能，愿意承认错误，并努力发展自己的认知和实践。

本书强调了反思的重要性。幼儿园户外游戏区一直是幼儿园传统的一部分，是多种理念、方法和实践的丰富遗产。但是与所有传统一样，它也可能被视为理所当然、被忽视或被误解。我们有责任批判性地反思这一传统和先驱者的思想，因为只有回归并审视他们的思想，我们才能充实自己、提高自己。同样重要的是，随着游戏工作者、幼儿教育工作者、儿童健康专业人士、景观设计师、规划师以及卫生和安全官员之间较为严格的专业界限逐渐被跨越，辩论和对话的机会开始出现，他们的思想交流越来越多。跨学科的研究以令人兴奋的方式拓展着我们的思路，社会地理学、健康学、社会学、园林设计学等学科可以为儿童的户外游戏提供特别的视角，并丰富我们的认识。但是，支撑我们的户外游戏方法的必须是"我们想要给儿童提供什么样的户外空间，并反思其背后的价值观"。

没有这样的重新审视，我们就有可能失去一笔丰厚的遗产，并将其埋没在柏油路面和安全的橡胶地面下，剥夺儿童通过丰富的游戏、冒险和挑战来学习的机会。

参 考 文 献 *

Adams, S., Alexander, E., Drummond, M. & Moyles, J. (2004) *Inside the Foundation Stage. Recreating the Reception Year*. London: Association of Teachers and Lecturers.

Allen, M. (Lady Allen of Hurtwood) (1965) *Design for Play: the youngest children*. London: Housing Centre Trust.

Allen, M. (Lady Allen of Hurtwood) (1968) *Planning for Play*. London: Thames & Hudson.

Armitage, M. (1999) *What Do You Mean You Don't Like It? Interpreting Children! Perceptions of the Playground as an Aid to Designing Effective Play Space*, a paper for the 2nd International Toy Research Conference, Halmstad, Sweden.

Armitage, M. (2001) The ins and outs of school playground play: children's use of 'play places'. In: J. C. Bishop & M. Curtis (Eds) *Play Today in the Primary School Playground*. Buckingham: Open University Press.

Armitage, M. (2005) The influence of school architecture and design on the outdoor play experience within the primary school. *Pedagogica Historica*, 41, Nos 4 & 5, August, 535–553.

Astington, J. (1994) *The Child's Discovery of the Mind*. London: Fontana Press.

---

* 为了环保，也为了节省您的购书开支，本书参考文献不在此一一列出。如果您需要完整的参考文献，请通过电子邮箱 1012305542@qq.com 联系下载，或者登录 www.wqedu.com 下载。您在下载中若遇到问题，可拨打 010-65181109 咨询。